Matthias Hanft

Buchführung
und Bilanz
im Real Life

Der ultimative Praxisratgeber
für Anfänger und EÜR-Umsteiger

Impressum:
Dipl.-Ing. Matthias Hanft
Apenrader Str. 12
90425 Nürnberg
E-Mail: autor@hanft.de

Inhaltsverzeichnis

1. Vorwort

Herzlichen Glückwunsch! Willkommen in der Welt der doppelten Buchführung, der Bilanzen, Gewinn- und Verlustrechnungen und all der anderen schönen Dinge, die auf Sie warten und von denen es sich lohnt, entdeckt zu werden. Falls Sie glauben, dies wäre ironisch gemeint, irren Sie sich – ich hoffe tatsächlich, mit diesem Buch meine Begeisterung ein wenig auf Sie abfärben zu lassen. Zugegeben – ich gehöre zu der seltenen Spezies, denen Mathe in der Schule (und das „Jonglieren" mit Zahlen generell) Spaß gemacht hat (na ja, meistens jedenfalls). Aber vielleicht kann ich Sie ein wenig anstecken und davon überzeugen, dass nicht alles in der Welt der Buchführung kompliziert und umständlich ist – im Gegenteil, es gibt auch etliche Vorzüge und Vereinfachungen:

- Durch die „doppelte Buchführung" (eine Einnahme oder Ausgabe hat immer ein „Gegenkonto", z.B. die Kasse oder Ihr real existierendes Bankkonto) lassen sich Fehler rasch finden: Wenn Sie eine (bezahlte) Rechnung vergessen haben zu buchen, stimmen nachher Ihr Bankkonto in der Buchhaltung und in Ihrem Bank-Kontoauszug nicht überein. Aus der Differenz können Sie den fehlenden Rechnungsbetrag ermitteln. Wenn Sie bei der „Einnahmenüberschussrechnung" (künftig mit „EÜR" abgekürzt) z.B. eine Briefmarkenquittung vergessen haben zu buchen (weil sie noch in Ihrer Jackentasche schlummert), merken Sie das nicht; mit der doppelten Buchführung stimmt Ihr Kassenstand nicht, und Sie wissen, dass da noch etwas fehlt.

- Diese Kontrollmöglichkeiten setzen sich auch in vielen weiteren Bereichen fort. Dass auf der Aktiv- und Passiv-Seite der Bilanz tunlichst die gleiche Summe herauskommen sollte, davon haben Sie vielleicht schon gehört. Auch hier wissen Sie bei einer Differenz, dass Sie irgendwo etwas falsch gebucht haben. Aber auch in anderen Bereichen (z.B. Buchung von Abschreibungen und Restwert Ihrer Wirtschaftsgüter) stoßen Sie immer wieder an einen Punkt, wo bestimmte Summen voneinander abhängen und/oder übereinstimmen müssen. Es ist ein gutes Gefühl, wenn dies tatsächlich der Fall ist, da Sie dann wissen, dass Ihre Buchhaltung korrekt ist und Sie nichts vergessen haben.

- Sie haben automatisch eine „Offene-Posten-Verwaltung". Durch die Buchung aller Rechnungen bereits bei der Ausstellung kann Ihnen Ihre Fibu-Software jederzeit sagen, welche Rechnungen noch nicht bezahlt sind (sowohl von Lieferanten eingegangene als auch von Ihnen an Kunden ausgestellte) und vielleicht sogar noch weitergehende Auswertungen durchführen, z.B. Kundengruppen in Abhängigkeit vom Umsatz bilden, das durchschnittliche Zahlungsziel ermitteln oder sogar automatisch Mahnungen erstellen und online an ein Inkassobüro übermitteln. Ohne Offene-Posten-Verwaltung könnten Sie die offenen Rechnungen einstweilen nur in den berühmten „Schuhkarton" legen und gelegentlich manuell durchsehen, was einerseits arbeitsintensiv und andererseits fehlerträchtig ist.

- Eine wesentliche Vereinfachung gegenüber der EÜR ist, dass die Umsatzsteuer (Mehrwertsteuer) weder als Einnahme noch als Ausgabe zählt, bei der Gewinnermittlung also völlig außen vor gelassen werden kann. (Genaueres dazu finden Sie noch weiter unten.)

Vielleicht kommen Ihnen diese Vorteile einfach nur „ganz nett" vor (oder auch nicht) – aber wenn Sie sich erst einmal an das Prinzip der doppelten Buchführung gewöhnt haben, finden Sie es wahrscheinlich so „normal", dass Sie sich fragen, wie Sie bisher so etwas seltsames wie eine EÜR machen konnten (falls Sie bisher eine EÜR gemacht haben).

Nun gibt es bereits Millionen anderer Bücher, die „Buchführung und Bilanz" im Titel enthalten (und die von geprüften Experten wie Steuerberatern, Wirtschaftsprüfern oder gar Finanzbeamten geschrieben wurden – ich bin keiner davon). Warum schreibe ich also das Million-und-erste Buch darüber? Weil es mir oft genug passiert ist (abgesehen davon, dass die „graue Theorie" in diesen Büchern oft schwer verständlich ist und keinerlei Praxisbezug hat), dass mir etliche Steuerberater hinterher gesagt haben „so bucht man das aber nicht". In den letzten dreißig Jahren habe ich daher ein „Gefühl" dafür bekommen, wie man das ganze Thema in der Praxis *tatsächlich* umsetzt. Dieses Buch ist daher voller Informationen, wie im „Real Life", also im „echten Leben", gebucht wird, inklusive etlicher

„Nebenkriegsschauplätze" wie der Umgang mit der Umsatzsteuer, Anleitungen zu ELSTER (der elektronischen Steuererklärung) und vieles mehr.

Die Zielgruppe dieses Buches besteht hauptsächlich aus Kleinbetrieben, Selbstständigen, kleinen GmbH und ähnlichen Unternehmen, die vorwiegend Dienstleistungen anbieten (wie ich selbst), aber auch Warenhandel betreiben. Wozu Sie in diesem Buch *nichts* finden werden, sind Dinge zu produzierendem Gewerbe (Stahlwerke etc.), Organschaften, Großkonzernen, Gewinnabführungen an Mutter- oder Tochtergesellschaften und anderes, was nur in Unternehmen vorkommt, die ohnehin schon ein ganzes Heer an Buchhaltern und Steuerberatern beschäftigen und daher dieses Buch sowieso nicht brauchen. Auch Kostenrechnung (mit Kostenstellen und Kostenträgern) ist eher etwas für größere Firmen, so dass ich in diesem Buch nicht darauf eingehe.

Sie können dieses Buch als Nachschlagewerk benutzen und nur die Kapitel lesen, die Sie interessieren – aber da einige Kapitel auch auf vorherige Erläuterungen zurückgreifen, sollten Sie wenigstens alles der Reihenfolge nach einmal kurz überfliegen.

Aber jetzt geht's endlich los – mit meinen geballten Erfahrungen der letzten dreißig Jahre. Viel Spaß beim Lesen – und beim „Buchhalten"!

2. Die Gewinnermittlung bei Bilanzierung

Von der EÜR (und/oder auch von der allgemeinen Lebens-
auffassung) her sind Sie gewohnt, dass alle Gutschriften
auf Ihr Bankkonto (seien diese nun von Kunden, die Ihre
Rechnungen bezahlen; aber auch vom Finanzamt, das Ihnen z.B. Umsatzsteuer zurücküberweist) Einnahmen waren, und alle Überweisungen von Ihrem Bankkonto (z.B.
wenn Sie Ihre Lieferantenrechnungen bezahlen oder Umsatzsteuer ans Finanzamt überweisen) Ausgaben. Die Differenz zwischen Einnahmen und Ausgaben war schließlich
Ihr Gewinn (abgesehen von größeren Anschaffungen, die
Sie ja auf mehrere Jahre „abschreiben" müssen – aber
das ist bei Bilanzierung ganz genauso).

Einige Punkte davon unterscheiden sich bei der Gewinnermittlung durch Bilanzierung ganz grundlegend. Eine generelle Erläuterung dieser Punkte finden Sie in den nächsten
Abschnitten (wie Sie das alles konkret buchen müssen,
um zum gewünschten Ergebnis zu kommen, finden Sie in
den späteren Kapiteln).

2.1 Der Leistungszeitpunkt

Bei Kosten und Erlösen kommt es nun nicht mehr auf den
Zahlungszeitpunkt an, sondern auf den *Leistungszeitpunkt*. Das heißt: In dem Moment, in dem Sie Ihrem Kunden etwas verkaufen, haben Sie Gewinn gemacht – unabhängig davon, wann Ihr Kunde Ihre Rechnung bezahlt.
Umgekehrt haben Sie Kosten verursacht, sobald Sie etwas einkaufen – unabhängig davon, wann Sie Ihre Liefe-

rantenrechnung bezahlen. Falls Sie Leistungen ein- oder verkaufen, die sich zeitlich über mehrere Kalender- (eigentlich Wirtschafts-) Jahre erstrecken (z.b. ein Software-Wartungsvertrag vom Juli des aktuellen Jahres bis zum Juni des Folgejahres), müssen Sie den Erlös bzw. die Kosten entsprechend aufteilen (hier z.b. halbe-halbe).

Dieses Prinzip kann (bezüglich des Gewinns) in manchen Wirtschaftsjahren besser, in manchen schlechter für Sie ausfallen als eine EÜR – unterm Strich (d.h. in der langjährigen Betrachtung) kommt allerdings logischerweise genau dasselbe heraus (schließlich fließt ja letztendlich auch genau dasselbe Geld).

Insbesondere für Dienstleister mit einem festen Kundenstamm und regelmäßigen (aber unterschiedlich hohen) Rechnungen ist die (Umsatz- und) Gewinnermittlung nach dem Leistungszeitpunkt meiner Meinung nach ein gutes Instrument, einzelne Zeiträume (z.B. Monate) vom Umsatz her miteinander zu vergleichen – unabhängig davon, wann die Kunden tatsächlich die Rechnungen bezahlen (was ja oft recht unregelmäßig geschieht).

Auch andere Dinge müssen „zeitrichtig" gebucht werden, z.B. die Gewerbesteuer immer in dem Jahr, *für* das sie eines Tages bezahlt werden muss. Da Sie bei der Erstellung der Bilanz i.d.R. noch keine „Rechnung" dafür erhalten haben, müssen Sie hierfür eine *Rückstellung* einbuchen (ebenso für andere Dinge, die *für* das laufende Jahr noch bezahlt werden müssen). Näheres dazu finden Sie im Kapitel über die Abschlussbuchungen.

2.2 Die Umsatzsteuer

Weder die berechnete noch die tatsächlich geflossene Umsatzsteuer (Mehrwertsteuer) führt in keinem der möglichen vier Fälle (1. vom Kunden erhalten, 2. an Lieferanten gezahlt, 3. ans Finanzamt abgeführt, 4. vom Finanzamt erstattet) zu irgendeiner Auswirkung auf den Gewinn. Gegenüber der EÜR ist dies also sogar eine Vereinfachung – bei der Gewinnermittlung kann man jegliche Umsatzsteuer außen vor lassen.

Wie die Umsatzsteuer gebucht wird, finden Sie weiter hinten in diesem Buch in einem separaten Kapitel „Umsatzsteuer".

2.3 Der Warenbestand

Ja, Sie müssen nun am Ende eines jeden Wirtschaftsjahrs Inventur machen, also eine Liste Ihrer Handelswaren, die sich gerade im Lager befinden (und diesen Warenbestand entsprechend buchen, was im Kapitel über die Jahresabschlussbuchungen noch genauer erläutert wird). Hier haben es reine Dienstleister natürlich leichter (weil der Warenbestand immer „null" ist).

Anders als bei der EÜR wirkt sich ein Wareneinkauf – für viele überraschend – *nicht* unmittelbar auf den Gewinn aus. Denn hierbei tauschen Sie lediglich „Geld gegen Ware", d.h. das Vermögen Ihres Unternehmens ändert sich *nicht:* Statt tausend Euro auf Ihrem Bankkonto haben Sie dann z.B. einen Computer für tausend Euro in Ihrem Warenlager stehen. Das ist weder Gewinn noch Verlust, spielt diesbezüglich also keinerlei Rolle. Erst in dem Jahr, in dem Sie den Computer z.B. für eintausendfünfhundert Euro verkaufen, haben Sie fünfhundert Euro steuerlichen Gewinn gemacht (Verkaufspreis minus Anschaffungs-preis).

Kurz gesagt entsteht die Betriebsausgabe für den Waren-einkauf erst dann, wenn die eingekaufte Ware Ihr Lager wieder verlässt (normalerweise durch Verkauf, aber viel-leicht müssen Sie auch einmal etwas wegwerfen, wenn es inzwischen kaputtgegangen ist).

Unterjährig macht man sich i.d.R. allerdings nicht die Mühe, diese Dinge so aufwendig zu buchen, da zwischen Einkauf und Verkauf von Ware meistens ja nur ein paar Tage oder Wochen liegen und es furchtbar umständlich und kompliziert wäre, jede einzelne Warenbewegung ins Lager hinein- und wieder herauszubuchen. (Außer Sie ha-ben ein sündhaft teures Warenwirtschaftssystem mit inte-grierter Buchhaltung gekauft, das dies automatisch für Sie erledigt. Aber dann würden Sie vermutlich nicht dieses Buch lesen.) Aus diesem Grund bucht man „unterm Jahr" ganz normal alle Warenein- und -ausgänge auf die ent-sprechenden Kosten- und Erlöskonten und korrigiert den steuerlichen Gewinn am Ende des (Wirtschafts-)Jahrs durch die entsprechenden Inventurbuchungen. (Wie das genau geht, erfahren Sie weiter unten im Kapitel über die Jahresabschlussbuchungen.)

3. Begriffsklärungen

Bevor wir mit dem Buchen anfangen, müssen wir erst noch einige Grundbegriffe klären, mit denen wir später ständig arbeiten werden.

3.1 Konten

Die „Grundlage der Basis des Fundaments" in der Finanzbuchhaltung („Fibu") sind *Konten*. Stellen Sie sich ein Fibu-Konto so ähnlich wie ein Bankkonto vor: Wenn Sie Geld einzahlen, bucht Ihre Bank den eingezahlten Betrag auf Ihr Konto. Das sind Sie gewohnt, und genauso funktioniert auch ein Fibu-Buchungskonto: Immer wenn in Ihrem Unternehmen Geld bewegt wird (ob real oder auch nur „virtuell"), müssen Sie eine (oder mehrere) Buchung(en) auf einem oder mehreren Fibu-Konten vornehmen.

Da Geld in einer Buchhaltung (ebenso wie auf einem Bankkonto) nicht einfach auftauchen oder verschwinden kann, müssen Sie bei jeder Buchung außerdem noch angeben, wo es herkam oder wo es hingeht. Dies funktioniert mit der Angabe eines *Gegenkontos*. Das Gegenkonto zu einer Buchung ist auch nur ein ganz normales Fibu-Konto, das einfach Quelle oder Ziel der aktuellen Buchung anzeigt. Beispiel: Wenn Sie 500 € in bar von Ihrem Geschäftskonto abheben, um diese in Ihre Kasse zu legen, ist Ihr Bankkonto die Quelle der Buchung und Ihre Kasse (in der Buchhaltung: Ihr Kassenkonto) das Ziel. (In Wirklichkeit verwendet man dazu zwei separate Buchungen; dazu später mehr.)

Details zu Fibu-Konten finden Sie in den nachfolgenden Abschnitten.

3.1.1 Kontentypen

Damit es nicht allzu einfach wird, gibt es unterschiedliche Konten*typen*. (Auch das kennen Sie von Ihrer Bank: Da gibt es Girokonten, Sparkonten, Darlehenskonten, Kreditkartenkonten, Depotkonten...) Die Hauptunterscheidung betrifft *Sachkonten* und *Personenkonten*, die wir in den folgenden Abschnitten besprechen.

3.1.1.1 Sachkonten

Für einen ordnungsgemäßen Jahresabschluss (mit Bilanz und Gewinn- und Verlustrechnungen, letztere künftig mit *GuV* abgekürzt) würde die Verwendung von Sachkonten theoretisch komplett ausreichen. Im Prinzip gibt es vier Sachkontentypen: Aktiv-, Passiv-, Erlös- und Kostenkonten. (Die fünfte Gruppe, Statistikkonten, spielt für die Finanzbuchhaltung keine Rolle; hier können Sie bei Bedarf beliebige Dinge „buchen", die Sie später auswerten wollen, z.B. die Anzahl Ihrer Kunden in einem bestimmten Monat o.ä.).

Rein technisch werden alle Sachkontentypen völlig identisch bebucht; der Typ gibt lediglich an, wo im Jahresabschluss das jeweilige Konto (normalerweise) aufgeführt wird:

- Aktivkonten enthalten Ihre Vermögenswerte (z.B. Anlagen, Maschinen, Büro- und Geschäftsausstattung, aber auch Ihr Bankguthaben und Forderungen – d.h. offene Rechnungen gegenüber Ihren Kunden) und stehen auf der Aktivseite der Bilanz;

• Passivkonten enthalten Ihr Eigenkapital (z.B. das Stammkapital bei Kapitalgesellschaften wie einer GmbH), Verbindlichkeiten (d.h. unbezahlte Rechnungen gegenüber Ihren Lieferanten, aber auch ans Finanzamt geschuldete Steuer etc.) und Rückstellungen und stehen auf der Passivseite der Bilanz;

• Erlös- und Kostenkonten stehen (in dieser Reihenfolge) in der GuV und ergeben (voneinander abgezogen) den Gewinn (genauer eigentlich: *Jahresüberschuss*).

Keine Regel ohne Ausnahme: Ist ein Kontostand zum Bilanzzeitpunkt gerade negativ (z.B. weil Ihr Bankkonto am 31.12. in den Miesen ist), wechselt das entsprechende Konto mit umgedrehtem Vorzeichen von den Aktiva zu den Passiva (bzw. umgekehrt). (In der GuV ändert sich da allerdings nichts, da gibt es auch negative Beträge dort, wo sie hingehören.)

Der Vollständigkeit halber gibt es wohl auch Ausnahmen von den Ausnahmen, also negative Beträge in Bilanzen. Das sind meiner Erfahrung nach aber sehr spezielle Spezialfälle, die nur in den oben erwähnten Großkonzernen mit dem ebenso erwähnten Heer von Steuerberatern vorkommen.

Damit Sie Ihre Fibu-Konten nicht komplett neu erfinden müssen (und Ihr Steuerberater deswegen durchdrehen

17

würde, wenn Sie damit bei ihm ankämen), gibt es etliche sogenannte „Kontenrahmen" für (fast) alle Eventualitäten, die Sie entweder eins zu eins oder mit nur geringen Anpassungen übernehmen können (und auch sollten). Am gebräuchlichsten sind die Kontenrahmen SKR03 und SKR04 (ob das „S" für „Standard", „Spezial" oder „Sach" steht, dürfen Sie sich aussuchen), wobei in beiden genau die gleichen Konten drinstehen, nur in anderer Reihenfolge (und damit auch mit anderen Fibu-Kontonummern). Für welchen von beiden Sie sich entscheiden, bleibt Ihnen überlassen; jeder Steuerberater und jede Fibu-Software kann mit beiden arbeiten. Der SKR03 zählt die Konten in „Prozessreihenfolge" auf, der SKR04 in „Bilanzreihenfolge". Die Fibu-Kontonummern sind vierstellig und reichen demzufolge von 0001 bis 9999 (in den meisten Fibu-Programmen können Sie führende Nullen auch weglassen; in den meisten Auswertungen werden sie allerdings wieder angezeigt).

Ich persönlich arbeite mit dem SKR03, was aber nur den Grund hat, dass mein erster Steuerberater vor dreißig Jahren ungefragt damit begonnen hat und ich mich daher inzwischen daran gewöhnt habe (d.h. ich kann die Konten inzwischen ziemlich auswendig herunterleiern).

Wenn Sie eine neue Fibu-Software installieren, können Sie beim Anlegen Ihres Mandanten gewöhnlich zwischen dem SKR03 und dem SKR04 (und möglicherweise noch ein paar anderen) auswählen. Treffen Sie hier eine weise Entscheidung; den Kontenrahmen nachträglich zu ändern ist fast ein Ding der Unmöglichkeit!

Manche Fibu-Software bietet Ihnen außerdem auch noch eigene Kontenrahmen (mit Buchstaben und/oder mehr als vier Stellen bei den Ziffern) zur detaillierteren Unterscheidung beim Buchen an. Wenn Sie ganz sicher sind, dass Sie in Ihrem Leben niemals Daten aus Ihrer Fibu-Software exportieren müssen (z.B. zum Steuerberater und/oder in ein externes Programm, z.B. zur eBilanz-Übermittlung oder anderen Fremdauswertungen etc.), können Sie solche speziellen Kontenrahmen verwenden. Da man aber eigentlich nie weiß, was einen im Leben noch alles erwartet, *rate ich von solchen Kontenrahmen ganz extrem ab!* Bleiben Sie also unbedingt beim SKR03 (oder SKR04) – individuelle Anpassungen hierzu können Sie, falls nötig, immer noch durchführen, ohne dass Ihr Steuerberater einen Herzinfarkt bekommt.

Wenn ich in allen weiteren Kapiteln dieses Buches Beispiel-Fibu-Konten aufführe, werde ich zunächst das Konto aus dem SKR03 nennen und dahinter das des SKR04 in Klammern, also z.B. für Ihr Bankkonto 1200 (1800).

Damit haben wir auch gleich schon ein Beispiel für ein Aktivkonto. Ein Passivkonto wäre z.B. 1400 (3300) „Verbindlichkeiten aus Lieferungen und Leistungen", ein Erlöskonto 8400 (4400) „Erlöse 19% USt", ein Kostenkonto 4930 (6815) „Bürobedarf".

Eine besondere Stellung bei den Aktiv- und Passivkonten nimmt die *Kontenklasse* 9 ein (die „Klasse" ist die erste Ziffer des Fibu-Kontos, hier also 9000-9999). Abgesehen von den Statistikkonten (siehe oben) finden hier unterjährig keine Buchungen statt; es handelt sich um Saldovortragskonten, d.h. diese Konten sind quasi die „Gegenkonten" zu den Anfangswerten des jeweiligen Wirtschaftsjahrs: Auf Ihrem Bankkonto befindet sich ja z.B. am 1.1. eines Jahres ein Guthaben – Fibu-Konto 1200 (1800) im Soll, siehe unten – und die entsprechende Gegen-(Haben-)Buchung eben auf dem „EB-Konto" 9000. („EB" = „Eröffnungsbilanz"; eine reale Eröffnungsbilanz gibt es nur, wenn Sie Ihr Unternehmen gerade gründen oder von der EÜR zur Bilanzierung übergehen; ansonsten meint man mit „EB-Werten" einfach den Fibu-Kontostand zu Beginn des Wirtschaftsjahrs).

Die Summe der Saldovortragskonten muss übrigens 0,00 Euro ergeben, d.h. die Soll- und Habenseite muss den gleichen Betrag aufweisen, sonst stimmt etwas nicht mit der Übernahme aus dem Vorjahr (oder eben Ihrer Eröffnungsbilanz, wenn Sie eine erstellen). Solange diese Jahresanfangswerte nicht stimmen, brauchen Sie im laufenden Jahr gar nicht erst versuchen, eine ordentliche Bilanz hinzubekommen – es wird so lange nicht funktionieren, bis Ihre EB-Werte in Ordnung sind.

3.1.1.2 Personenkonten

Es ist zwar schön, dass Sie auf Konto 4930 (6815) nachsehen können, welche Rechnungen für Bürobedarf Sie gebucht haben, aber das hilft Ihnen zunächst einmal nicht weiter, um herauszufinden, *wem* Sie diese Rechnungen überweisen müssen. Umgekehrt können Sie sich beim Betrachten von Konto 8400 (4400) über Ihre Erlöse freuen, wissen aber zunächst einmal nicht, welchen Kunden Sie diese Erlöse zu verdanken haben.

Zu diesem Zweck gibt es *Personenkonten*, und zwar getrennte Bereiche für Debitoren (i.d.R. 10000 bis 69999) und Kreditoren (i.d.R. 70000 bis 99999) – unabhängig vom Kontenrahmen. Debitoren sind, salopp gesagt, einfach nur Kunden, also Leute, für die Sie eine Leistung erbracht haben (oder denen Sie etwas verkauft haben); Kreditoren sind dementsprechend Lieferanten, also Leute, die Ihnen etwas verkauft haben (eine Ware oder eine Leistung). Da man als Unternehmer normalerweise mehr Kunden als Lieferanten hat, sind die Kontenbereiche unterschiedlich groß, wobei aber üblicherweise nur ein sehr kleiner Teil auch tatsächlich verwendet wird. Wie Sie sich das einteilen, hängt von Ihrer persönlichen Kunden- und Lieferantenstruktur ab; in bestimmten Situationen können Sie auch eine Art „Gemeinschaftskonto" verwenden, z.B. für kleine Barzahlungen einen Kreditor „Bäckereien" anlegen, wenn Sie hie und da mal kleine Happen für Kundenbesuche einkaufen (und i.d.R. bar bezahlen). Umgekehrt, wenn Sie viele kleine Einzelkunden haben, die z.B. immer das gleiche Billigprodukt von Ihnen kaufen (z.B. eine Software namens „Dings" für 19,95 Euro), können Sie einen Sammel-Debitor namens „Dings-Softwarekunden" dafür anlegen o.ä. (dann wissen Sie nachher auch gleich, wie viele Exemplare Sie davon verkauft haben).

(Einschub: An dieser Stelle werden manche Buchhalter, Steuerberater etc. laut aufschreien und sagen „für so kleine Bargeldausgaben legt man doch keinen Kreditor an, das bucht man einfach direkt auf *Kosten an Kasse*". Das kann man natürlich tun, hat aber meines Erachtens zwei Nachteile:

- Für Ihre „normalen" Eingangsrechnungen haben Sie ja ohnehin einen Rechnungseingangsordner, in dem Sie Ihre Rechnungen nach Kreditoren geordnet abheften. Wenn Sie nun für Bäckereien keinen Kreditor angelegt haben, wo wollen Sie dann diese Rechnung ablegen? Trotzdem unter „B"? Da finden Sie sie nie wieder. Oder wollen Sie bar bezahlte Rechnungen in einem separaten „Kassenbelegbuch" abheften? Das können Sie natürlich auch tun, aber ...

- ... es gibt Kreditoren, bei denen Sie vielleicht mal bar und mal unbar zahlen. Gute Beispiele dafür sind die Metro-Großmärkte, oder auch die Post (wo Sie vielleicht Briefmarken bar bezahlen, aber Ihre Massendrucksachenfreistempelung abbuchen lassen). Nach dem obigen Schema wären die Barbelege im Kassenbelegbuch und die anderen Rechnungen im Kreditorenordner, und Sie hätten immer zwei Stellen, an denen Sie suchen müssten.

Solche Unklarheiten kann man ganz einfach vermeiden, indem man *alle* Belege auf ein Personenkonto bucht; dann liegen einfach *alle* Metro- oder Post-Rechnungen unter „M" bzw. „P" im Rechnungseingangsordner an einer zentralen Stelle, und ob das ganze nun bar oder sonst wie bezahlt wurde, ist völlig egal. Ich finde das übersichtlicher. Und Sie wissen anhand der Kontensummen auch immer gleich, wie viel Sie an jeden Lieferanten z.B. im laufenden Jahr bezahlt haben. Einschub Ende.)

Abgesehen von diesen möglichen „Sammel-Personenkonten" legen Sie für jeden Kunden (Debitor) und jeden Lieferanten (Kreditor) jeweils ein eigenes Konto an (und speichern dazu Daten wie Name, Adresse, Bankverbindungen, Umsatzsteuer-ID-Nummer und derlei mehr). Welche Nummern Sie dafür vergeben, bleibt Ihnen überlassen (solange Sie in den oben erwähnten Bereichen bleiben); meine Kreditoren sind alphabetisch in Hunderterschritten sortiert (A=70001 bis 70099, B=70101 bis 70199 usw., über Sch=71901 bis 71999 und X/Y=72401 bis 72499 bis Z=72501 bis 72599; bei den Debitoren entsprechend ab 10001; die Endziffer 0 könnten Sie z.B. für Sammelkonten verwenden, z.B. 70100=„B-Diverse" o.ä.). Oder vielleicht haben Sie bereits ein Abrechnungssystem für Ihre Kunden in Betrieb und dort schon Kundennummern vergeben; dann könnten Sie die dort vorhandenen Kundennummern nehmen und für die Fibu einfach 20000 addieren, dann wäre Kunde 456 eben Debitor 20456 (und der 10000er-Bereich stünde Ihnen daneben noch für manuell erzeugte Rechnungen wie oben beschrieben zur Verfügung).

Verwenden Sie für die Einsortierung nach Buchstaben unbedingt den „amtlichen" Namen. Einen Lieferanten (Einzelunternehmer), der auf seine Rechnungen „XYZ Software Fritz Müller" schreibt, legen Sie also (als „Person", nicht als „Firma", falls Ihre Fibu-Software das unterscheidet) unter „M" (wie „Müller") an (und nicht unter „X" wie „XYZ Software" – das ist eine Phantasiebezeichnung, an sie Sie später z.B. keinen gerichtlichen Mahnbescheid schicken könnten). Die „XYZ Software" können Sie ja ggf. in einem Feld „Zusatz" noch dazuschreiben, damit Sie den Lieferanten später wieder finden. Umgekehrt speichern Sie Firmen mit Handelsregistereintrag exakt so, wie sie im Handelsregister stehen; eine „Arthur Müller GmbH", würden Sie daher unter „A" einsortieren – ein im Handelsregister eingetragener Firmenname ist ein „einteiliger" Begriff und hat keinen Vornamen!

An dieser Stelle auch gleich noch eine Begriffsklärung: Gegenüber Debitoren hat man in der Regel *Forderungen* (nämlich die Bezahlung seiner Rechnungen), gegenüber Kreditoren *Verbindlichkeiten* (nämlich die „Schulden" aus den offenen Lieferantenrechnungen).

Da die Personenkonten i.d.R. nicht einzeln in der Bilanz stehen, summiert Ihre Fibu-Software alle Personenkonten auf und bildet die Summe der Debitoren („Forderungen aus Lieferungen und Leistungen") auf dem Sachkonto 1400 (1200) und die Summe der Kreditoren („Verbindlichkeiten aus Lieferungen und Leistungen") auf dem Sachkonto 1600 (3300). Nur diese „Sammelkonten" stehen schließlich auch in der Bilanz (möglicherweise sogar zweimal, siehe nächster Abschnitt).

3.1.2 Soll und Haben, Saldo

Was ist nun dieses ominöse „Soll" und „Haben", von dem dauernd die Rede ist? Das ist mit einem einfachen Beispiel erklärt: Denken Sie an das gute alte Postsparbuch. Dort gab es je eine Spalte für „Einzahlungen" und „Auszahlungen". Ganz am Anfang stand der „Übertrag aus dem alten Sparbuch", und hinter der letzten Eintragung der „Kontostand".

Und ganz genauso funktioniert ein Fibu-Buchungskonto! Lediglich die Bezeichnungen unterscheiden sich: Der „Übertrag aus dem alten Sparbuch" heißt „EB-Wert" („EB"=Eröffnungsbilanz, siehe oben) und spiegelt den Kontostand zu Anfang des Wirtschaftsjahres wider (i.d.R. also am 1. Januar). Ihre Postsparbuch-Einzahlungen sind die „Sollbuchungen", Ihre Abhebungen die „Habenbuchungen". Und das resultierende Guthaben nach der letzten Eintragung ist der „Saldo". Einfach, nicht?

Debitorenkonten (siehe Abschnitt „Personenkonten" weiter oben) haben in der Regel einen Sollsaldo, Kreditorenkonten einen Habensaldo. Merken kann man sich das z.B. mit folgender Eselsbrücke: „Debitoren (Kunden) SOLLEN mir etwas bezahlen; bei den Kreditoren (Lieferanten) HABE ich Schulden."

Bei den Sachkonten für die GuV (siehe entsprechender Abschnitt weiter oben) können Sie sich vielleicht merken: „Kosten SOLL ich zahlen, Erlöse HABE ich eingenommen."

In Ausnahmefällen können alle Konten auch einen „entgegengesetzten" Saldo aufweisen. Wenn Sie z.B. einem Lieferanten versehentlich zu viel bezahlt haben, hat das zugehörige Kreditorenkonto einen Sollsaldo (das ist dann ein „debitorischer Kreditor"); wenn Ihnen ein Kunde eine Rechnung versehentlich doppelt überweist, ist das Debitorenkonto im Haben (dieser Kunde ist dann ein „kreditorischer Debitor"); wenn Sie für irgendwelche Kosten eine Erstattung erhalten, die höher als die ursprünglichen Kosten ist, kann auch ein Kostenkonto einen Habensaldo aufweisen (und wird dann negativ ausgewiesen).

Im Prinzip steht einfach von jedem Konto der Saldo zum Bilanzstichtag an der entsprechenden Stelle in der Bilanz bzw. in der GuV. Bei den Sammelkonten für die Personenkonten gibt es allerdings eine Besonderheit, falls Sie die erwähnten debitorischen Kreditoren und/oder kreditorischen Debitoren haben: Hier ergibt sich der Saldo ja aus der Summe der Personenkonten. Wenn Sie nun einen Kunden haben, der ihnen 100 Euro schuldet (Saldo des Personenkontos also 100 Euro Soll) und einen anderen Kunden, der Ihnen versehentlich 25 Euro zu viel bezahlt hat (Personenkonto 25 Euro Haben), hat das Sammelkonto 1400 (1200) logischerweise insgesamt einen Sollsaldo von 75 Euro. Wenn Sie nun diese 75 Euro in die Bilanz drucken (auf der Aktivseite bei den „Forderungen aus Lieferungen und Leistungen"), verstoßen Sie gegen das Verrechnungsverbot aus § 246 Abs. 2 HGB („Posten der Aktivseite dürfen nicht mit Posten der Passivseite […] verrechnet werden"). Denn die 25 Euro, die Ihnen der zweite Kunde zu viel bezahlt hat, gehören zu den „Sonstigen Verbindlichkeiten" auf der Passivseite der Bilanz. Kurioserweise taucht das Konto 1400 (1200) daher *zweimal* in Ihrer Bilanz auf: Einmal mit 100 Euro auf der Aktivseite bei den „Forderungen aus Lieferungen und Leistungen" und einmal mit 25 Euro auf der Passivseite bei den „Sonstigen Verbindlichkeiten". (Umgekehrt funktioniert das mit Kreditoren natürlich genauso, also wenn Sie einem Lieferanten versehentlich zu viel bezahlt haben: Dann gehört der überzahlte Betrag zu den „Sonstigen Vermögensgegenständen" auf der Aktivseite.)

Leider gibt es nicht allzu viele Fibu-Programme der „SOHO-Klasse" („Small Office / Home Office"), die diese Aufteilung nach Soll- und Habenseite der Sammelkonten korrekt ausweisen können (und auch an mein eigenes eBilanz-Programm können Sie keine separaten Soll- und Habensalden übergeben). Die beste Lösung ist daher, solche Posten möglichst zu vermeiden: Überweisen Sie einfach rechtzeitig vor dem 31.12. überschüssige Kundengelder wieder an die Kunden zurück (in vielen elektronischen Kontoauszügen sind die „Herkunfts-Bankverbindungen" enthalten, so dass Sie Ihre Kunden meist noch nicht einmal nach deren Kontonummern fragen müssen). Und umgekehrt sind Sie selbst mit Ihrer Buchhaltung natürlich so fit, dass Sie selbst keinem Lieferanten zu viel überweisen ... (einen Fallstrick, den Sie nicht verhindern können, gibt es allerdings trotzdem noch: Sie könnten von einem Lieferanten am 29.12. eine Gutschrift erhalten und die zugehörige Banküberweisung erst am 5.1. – dann ist das Kreditorenkonto doch wieder im Soll. Pech für Sie – so etwas kommt aber i.d.R. sehr selten vor).

Wenn Sie solche Fälle also ordnungsgemäß nach HGB ausweisen wollen und Ihre Fibu-Software das nicht automatisch kann, bleibt Ihnen nur übrig, die „Problemfälle" zum Bilanzstichtag von Hand auf ein zweites Forderungs- bzw. Verbindlichkeitskonto umzubuchen und dies auf der „entgegengesetzten" Seite der Bilanz auszuweisen (und das ganze am 1.1. des Folgejahres wieder zurückzubuchen). Sie merken schon: So etwas gehört in die Kategorie „elendes Gefummel" – daher versucht man lieber, solche Fälle, so gut es geht, von vornherein zu vermeiden.

3.2 Auswertungen

Nachdem Sie nun so viel über Konten gelesen haben, wollen Sie vielleicht auch einmal Ihre Kontostände wissen. Dazu bietet Ihnen Ihre Fibu-Software mehrere Auswertungen an. Die gebräuchlichsten sind (neben Bilanz und GuV, die Sie ja gewöhnlich nur am Jahresende erstellen):

3.2.1 Summen- und Saldenliste

Hier finden Sie alle (bebuchten) Konten mit ihren jeweiligen Salden, getrennt nach Soll und Haben. I.d.R. gibt es drei Spalten(paare): Die EB-Werte (Kontensaldo zu Beginn des Wirtschaftsjahres; bei einigen wenigen exotischen Fibu-Programmen auch den Saldo zu Beginn der ausgewählten Periode), die Bewegungsdaten (also z.B. Januar bis März, wenn Sie das 1. Quartal als Auswertungszeitraum ausgewählt haben) und den Saldo zum Ende der ausgewählten Periode).

Diese Liste gibt Ihnen zu jedem Zeitpunkt einen guten Überblick über Ihre Fibu-Konten. Wenn Sie Ihre Daten für Ihren Steuerberater exportieren (z.B. weil er Ihren Jahresabschluss erstellen soll), können (und sollten) Sie ihm parallel zu den Buchungen auch noch die (Jahres-)Summen- und Saldenliste (z.B. als PDF-Datei und/oder ausgedruckt) mitschicken, damit er nach dem Einlesen Ihrer Buchungen die Kontostände vergleichen kann (denn beim Einlesen von Buchungen, die mit einem anderen Programm erstellt wurde, geht immer wieder gerne einmal irgendetwas schief).

Nach einiger Zeit und mit einiger Übung lernen Sie dann auch selbst, irgendwelche offensichtlichen Fehler auf den ersten Blick zu erfassen – das geht von ganz alleine.

3.2.2 Kontenblatt

Sie haben in der Summen- und Saldenliste ein Konto gefunden, das einfach vorne und hinten nicht stimmen kann? Kein Problem, dann drucken Sie einfach ein Kontenblatt für das jeweilige Konto aus. Auch hier können Sie einen bestimmten Zeitraum angeben und erhalten dann, getrennt nach Soll und Haben, alle Buchungen auf diesem Konto im gewählten Zeitraum, zusammen mit Gegenkonto, Buchungsdatum und Belegnummer. Je nach Fibu-Software sind darin auch noch Zusatzinformationen enthalten, z.B. die gebuchte Umsatzsteuer oder der Offene-Posten-Status (bezahlt, an Bank übertragen o.ä.).

3.2.3 Betriebswirtschaftliche Auswertung (BWA)

Wenn Sie „mal eben so zwischendurch" wissen wollen, wie viel Gewinn Sie bislang eigentlich gemacht haben, ist die „Betriebswirtschaftliche Auswertung" (kurz „BWA") das Mittel der Wahl. Hier erhalten Sie konzentriert auf einer DIN-A-4-Seite im wesentlichen oben die Einnahmen, darunter die Ausgaben, und unten den daraus resultierenden Überschuss (für die gewählte Periode: z.B. einen Monat, ein Quartal oder das ganze Jahr).

Die BWA wird auch verwendet ...

- ... um bei Ihrer Bank einen Kredit zu beantragen, damit sich Ihre Bank ein Bild von Ihrer wirtschaftlichen Lage machen kann (eine BWA alleine wird dazu nicht ausreichen, aber ohne BWA bekommen Sie bestimmt keinen Kredit)

- ... um beim Finanzamt fürs aktuelle Jahr eine Herabsetzung der Einkommensteuervorauszahlungen zu beantragen (die ja normalerweise vom Gewinn des Vorjahrs abhängen, aber vielleicht ist Ihnen inzwischen ein großer Kunde abgesprungen, und Sie machen im aktuellen Jahr nur noch die Hälfte des Vorjahresumsatzes und -gewinns).

Damit die BWA einigermaßen aussagekräftig ist (auf ein paar Euro hin oder her kommt es hier nicht an), müssen Sie einige Vorkehrungen treffen (hauptsächlich eine vorläufige unterjährige Abschreibung buchen; bei größeren Beträgen evtl. auch noch Rückstellungen und/oder Rechnungsabgrenzungen). Details dazu finden Sie weiter unten im Kapitel zum unterjährigen Buchen.

4. Ihr persönlicher Kontenrahmen

Wie weiter oben bereits bemerkt, tun Sie gut daran, als Grundlage erst einmal einen Standard-Kontenrahmen (d.h. SKR03 oder SKR04) zu verwenden. Individuelle Anpassungen können Sie trotzdem noch einbauen; versuchen Sie dabei möglichst, im geeigneten Bereich zu bleiben. Einige Beispiele dazu finden Sie in den folgenden Abschnitten.

4.1 Bankkonten, Kasse und anderes „Geld"

Ein paarmal habe ich bereits angesprochen, dass sich Ihr Bankkonto auch in einem Fibu-Konto widerspiegelt: Alle Buchungen, die auf Ihrem Bankkonto stattfinden, finden parallel dazu auch in Ihrer Fibu-Software statt (daher ist es äußerst nützlich, wenn Ihre Fibu-Software über das HBCI-/FinTS-Protokoll Ihre Kontoumsätze elektronisch von Ihrer Bank abholen kann – dies sollten Sie, falls technisch möglich, auf jeden Fall einrichten).

An dieser Stelle überhaupt ein Wort zu Bankkonten: Ich empfehle Ihnen *dringend*, ein separates Geschäftskonto für Ihr Unternehmen bei Ihrer Bank zu eröffnen (falls Sie noch keines haben). Ganz kostenlos werden Sie das heutzutage vermutlich nicht mehr bekommen, aber Sie sparen sich langfristig jede Menge Mühe, Aufwand und graue Haare, wenn Ihnen in Ihrem Unternehmen nicht ständig irgendwelche Privatbuchungen herumspuken (die Sie ja zwingend buchen müssen, weil sonst in Ihrer Fibu das Bankkonto nicht stimmt!). Suchen Sie einfach nach Banken mit günstigen Geschäftskontenangeboten (z.B. ohne Grundgebühr, solange ein bestimmter Mindestumsatz und/oder -saldo auf dem Konto vorliegt; oder falls Sie viele „Minibuchungen" haben, ein Konto mit einer monatlichen Pauschalgebühr statt Postenentgelten und derlei mehr) – die Auswahl ist groß und für Sie bestimmt irgendwo das richtige Modell dabei.

Falls Sie betriebliche Ausgaben mit einer Kreditkarte bezahlen wollen oder müssen, gilt das oben Gesagte auch für die Kreditkarte: Schaffen Sie sich zu Ihrem Geschäftskonto auch eine Geschäftskreditkarte an! Auch hier gibt es günstige Angebote – die paar Euro im Jahr sollten Ihnen der bessere Überblick und die einfacheren Buchungen wert sein. (Und falls eines Tages ein Steuerprüfer Ihr Unternehmen heimsucht, müssen Sie bei getrennten Geschäfts- und Privat-Bankkonten wenigstens nicht gleich alle Privatkontoauszüge und -buchungen vorzeigen.)

Gut, nun haben Sie also ein Geschäftskonto und eine Geschäftskreditkarte. Wie passt das in Ihren Kontenrahmen? Das erste Postbank-Girokonto wird (aus historischen Gründen, als die Postbank noch keine vollwertige Bank war) das Fibu-Konto 1100 (1700); das erste Girokonto bei einer anderen Bank das Fibu-Konto 1200 (1800). Sie können und sollten die Kontenbezeichnungen in Ihrem Kontenrahmen entsprechend anpassen, z.B. „Postbank Nürnberg" oder „Commerzbank Überlingen" (standardmäßig steht da nämlich nur „Bank 1" drin, da weiß niemand, was das ist).

Weitere Banken können Sie in Zehnerschritten anfügen, z.B. 1210 (1810) „Deutsche Bank München", 1220 (1820) „HypoVereinsbank Hamburg" und so weiter und so fort.

Wenn Sie bei einer Bank mehrere Konten haben (z.b. „Business Tagesgeld" oder „Unternehmer-SparCard" oder was es da so alles gibt), können Sie – ausgehend vom zugehörigen Girokonto – in Einer- oder Fünferschritten weiter nummerieren, im obigen Beispiel also etwa 1101 (1701) „Postbank Visa Card", 1225 (1825) „HypoVereinsbank SparCard" usw. usf.

Aus diesem Beispiel erkennen Sie nebenbei auch gleich, dass für Kreditkarten ebenfalls normale Fibu-Konten angelegt werden. Man muss das nicht zwangsweise tun, aber es erhöht meiner Meinung nach die Übersichtlichkeit ganz extrem – und macht die Frage „wann ist eine Rechnung bezahlt? Wenn sie auf der Kreditkartenabrechnung erscheint oder vom Girokonto abgebucht wurde?" ganz einfach überflüssig: Rechnungen sind bezahlt, wenn sie vom Kreditkartenkonto abgebucht wurden (genauso wie wenn sie im Lastschriftverfahren von Ihrem Girokonto abgebucht werden), und einmal im Monat (oder wann Ihr Kreditkartenkonto eben ausgeglichen wird) gibt es einen Geldtransit von Ihrem Girokonto auf Ihr Kreditkartenkonto (wodurch das wieder einen Saldo von 0 Euro hat, falls Sie inzwischen nicht weiter damit eingekauft haben). Natürlich befindet sich Ihr Kreditkartenkonto dadurch stets „in den Miesen" (falls Sie nicht Guthaben darauf einzahlen, was ja bei vielen Kreditkarten möglich ist) und erscheint daher in der Bilanz bei den Passiva unter „Verbindlichkeiten gegenüber Kreditinstituten" (obwohl Bank-Fibu-Konten ansonsten normalerweise Aktivkonten sind und – bei Guthaben – auch ebendort erscheinen).

Wenn Sie eine (oder mehrere) Kassen mit Bargeld haben, verwenden Sie das Fibu-Konto 1000 (1600) für die erste Kasse und ggf. 1010 (1610) für die zweite Kasse (und vergessen Sie nicht die entsprechende Umbenennung der Standardkonten „Kasse 1" etc. in z.B. „Kasse Erlangen" und „Kasse Berlin" oder bei mehreren Filialen in einer Stadt z.B. „Kasse Rotkreuzplatz" und „Kasse Bahnhofstraße" o.ä.).

Daneben gibt es manchmal noch andere „Konten", die nicht bei Kreditinstituten geführt werden. Ein Beispiel ist die „Portokasse" für die PC-Frankierung (also wenn Sie selber Ihre Briefmarken drucken). Hier machen Sie einen Vorab-Geldtransit von Ihrem Girokonto zur Portokasse, die daraufhin ein Guthaben (Sollsaldo: Aktiva in der Bilanz) aufweist. Wenn Sie von der Post nachher die Rechnung über Ihre Frankierungen erhalten, „bezahlen" Sie buchungstechnisch diese Rechnung unmittelbar und sofort vom Portokassen-„Konto".

Wenn Sie das alles so eingerichtet haben und alle Bankbuchungen auch in Ihrer Fibu gebucht haben, sollten die Salden in Ihrem Bankkontoauszug und im zugehörigen Fibu-Konto übereinstimmen (ebenso wie der reale Bargeldbestand in Ihrer Kasse mit dem Kassen-Fibu-Konto) – sonst stimmt etwas nicht, und Sie können mit der Fehlersuche beginnen (dazu gibt es weiter unten in diesem Buch noch einen separaten Abschnitt).

4.2 Ihre Erlöskonten

Normalerweise werden Sie (außer Sie wenden die Klein-unternehmerregelung oder die Differenzbesteuerung an, siehe Kapitel über Umsatzsteuer weiter unten) Erlöse inkl. 19% Umsatzsteuer haben. Dafür gibt es die Konten 8400 bis 8409 (4400 bis 4409). Falls Sie ohnehin nur ein Pro-dukt verkaufen, nehmen Sie einfach das erste davon, also 8400 (4400) – das brauchen Sie dann auch nicht umbe-nennen (denn es heißt bereits ganz einfach „Erlöse 19% USt").

Falls Sie unterschiedliche Produkte verkaufen (oder Dienstleistungen *und* Handelswaren), möchten Sie die Umsätze vielleicht der Übersichtlichkeit halber etwas auf-teilen, damit Sie wissen, mit welchem Geschäftszweig Sie wie viel Umsatz gemacht haben. Dann können Sie z.B. 8400 (4400) „Softwareverkauf" nennen und 8401 (4401) „Software-Wartungsverträge" und 8402 (4402) „WebSer-vices" etc. Sie sind hier völlig frei, aber nachdem das spä-ter nur noch schlecht zu ändern ist, schlafen Sie lieber erst eine Nacht darüber, bevor Sie hier die endgültige Eintei-lung vornehmen.

Kleinunternehmer und Differenzbesteuerer haben es leider nicht so komfortabel: Für sie gibt es im Standard-Konten-rahmen nur jeweils ein Konto: 8195 (4185) für Kleinunter-nehmerumsätze bzw. 8191 (4136) für differenzbesteuerte Umsätze. (Sie könnten zwar eigenmächtig „dort in der Nähe" weitere Konten dafür zweckentfremden, aber glau-ben Sie bloß nicht, Ihr Steuerberater könnte solche Bu-chungen nachher korrekt einlesen!)

4.3 Sonstige Konten

Ansonsten gibt es wenig, das bei der Kontenrahmen-Einrichtung der individuellen Anpassung bedarf. Sie können natürlich grundsätzlich alles „verdrehen" und ändern, solange Sie auf Ihrer „Insel" bleiben und niemals irgendwelche Buchungen exportieren oder anderswo weiterverarbeiten wollen. Da man das aber vorher nicht weiß (und spätere Änderungen im Kontenrahmen von „schwierig" bis „unmöglich" reichen), sollten Sie bei evtl. Änderungen und Erweiterungen stets sehr behutsam vorgehen (und alles mit Ihrem Steuerberater absprechen, falls Sie einen haben).

Ein Beispiel für eine solche „behutsame" Erweiterung wäre (wenn Sie aus der EDV-Branche sind) ein Kostenkonto für Computerbedarf, wenn Sie wissen wollen, wie viel Sie z.B. für DVDs zur Datensicherung, Druckertinte und anderes EDV-Verbrauchsmaterial ausgegeben haben. Dazu können Sie das Konto 4980 (6850) „Sonstiger Betriebsbedarf" auf ein neues Konto 4981 (6851) kopieren (alle Einstellungen, z.B. BWA- und GuV-Zuordnung etc. übernehmen!) und es „Computerbedarf" nennen.

5. Wie wird gebucht?

Eine allumfassende Anleitung zum Buchen kann ich Ihnen hier leider nicht geben, da dies immer sehr von der jeweiligen Fibu-Software (und deren Eingabemasken) abhängt. Grundsätzlich müssen Sie aber für eine Buchung stets folgende Felder befüllen:

- Fibu-Konto (i.d.R. Sollkonto, d.h. der eingegebene Betrag wird in die Sollspalte gebucht);

- Gegenkonto (i.d.R. Habenkonto, d.h. der eingegebene Betrag wird in die Habenspalte gebucht);

(Einschub: Hier ist der passende Zeitpunkt, das Wörtchen „an" zu erklären: Wenn Sie als Sollkonto z.B. das Fibu-Sachkonto 4930 eingeben und als Habenkonto das Fibu-Personenkonto 71901, machen Sie eine Buchung „4930 *an* 71901", d.h. *vor* „an" steht immer das Sollkonto und *hinter* „an" das Habenkonto. So kann kurz und bündig, aber dennoch unverwechselbar ausgedrückt werden, welches Konto auf welcher Seite bebucht wird. Einschub Ende.)

- Buchungsdatum (i.d.R. Rechnungs- bzw. Zahlungsdatum);

- Belegnummer; manche Fibu-Programme zählen hier von 1 fortlaufend hoch und/oder stellen noch Buchstaben voran, z.B. „ER" für „Eingangsrechnung" – ich halte das für ausgemachten Unsinn. Auf jeder Rechnung steht schließlich eine Rechnungsnummer drauf, also nehmen Sie die bitte auch für die Buchung her (und zwar bei der Buchung der Rechnung *und* bei der Buchung der zugehörigen Zahlung)! Sonst findet man später überhaupt nichts mehr zusammen, was eine evtl. Fehlersuche extrem erschwert.

Falls es sich um Belege ohne erkennbare Rechnungsnummer handeln sollte wie z.b. Straßenbahnfahrscheine im Rahmen einer Dienstreise, geben Sie bei Rechnung und Zahlung das Datum der Reise als Belegnummer an, z.B. für den 30.4.2015 die Belegnummer „300415" oder (wenn Sie vielleicht einmal danach sortieren wollen) „150430" o.ä., bei mehreren Reisen mit einem angehängten „/1" bzw. „/2" o.ä.

- Buchungstext (hier geben Sie bitte einen auch nach zehn Jahren noch verständlichen Text ein, z.B. nicht „Büromaterial", was das Konto möglicherweise vorgibt, sondern „10.000 Blatt Papier" o.ä.);

- Angaben über die Umsatzsteuer (wie man das eingibt, unterscheidet sich sehr von Programm zu Programm; meistens gibt es irgendwelche „Steuerschlüssel" o.ä.; jedenfalls muss daraus erkennbar sein, ob die Buchung zum Regelsteuersatz, zum ermäßigten Steuersatz oder ohne Steuer gebucht wurde und/oder ob es um einen EU-Sachverhalt geht, z.B. „Innergemeinschaftliche Lieferungen" etc.);

- ggf. die Umsatzsteuer-ID-Nummer des Kunden, falls die Umsatzsteuer im Reverse-Charge-Verfahren auf ihn abgewälzt wird (Details dazu weiter unten im Umsatzsteuer-Kapitel).

Es kann sein, dass bei sogenannten „Automatikkonten" die Umsatzsteuer fest eingestellt ist, z.B. beim Konto 8400 (4400) „Erlöse 19% USt" (wie der Name schon sagt) auf den Regelsteuersatz. In diesem Fall brauchen Sie keinen speziellen Steuerschlüssel eingeben. Dies hängt von Ihrer jeweiligen Fibu-Software ab.

Und noch eine Anmerkung: Manche Fibu-Programme bieten Ihnen eine „Stapel"- bzw. „Dialog"-Betriebsart zum Buchen an. Üblicherweise können Sie in einer „Stapelsitzung" beliebig Buchungen ändern und löschen, bis Sie sie in eine „Dialogsitzung" konvertieren (und damit quasi „festschreiben"). Ab diesem Zeitpunkt können Sie Buchungen nur noch stornieren, indem Sie eine weitere, identische Buchung durchführen, aber mit dem gleich hohen, negativen Betrag. Dies hängt mit den „Grundsätzen ordnungsgemäßer Buchführung" zusammen, gemäß derer in einem Buchungsjournal (wenn es auf Papier geführt wird) nicht „herumradiert" werden darf. In der Praxis empfiehlt es sich, in einer Stapelsitzung zu buchen (damit Sie simple Tippfehler einfach ohne unübersichtliche Stornobuchungen ausbessern können) und beim Monatsabschluss (wenn Sie Ihre Umsatzsteuer-Voranmeldung und/oder andere Steueranmeldungen ans Finanzamt übermitteln) in eine Dialogsitzung überführen (und, falls in Ihrer Fibu-Software möglich, die Sitzung bzw. den Monat komplett für weitere Buchungen sperren). So verhindern Sie, dass sich die Datenbasis, anhand derer Sie Ihre Steueranmeldungen durchgeführt haben, nachträglich noch ändern kann. Korrekturen müssen dann in den Folgemonaten durchgeführt werden und sind klar als solche erkennbar.

So viel zur rein technischen Eingabe einer Buchung. Was Sie inhaltlich dabei beachten müssen, finden Sie in den nachfolgenden Abschnitten.

5.1 Laufende Buchungen

In diesem Abschnitt finden Sie grundlegende Informationen darüber, wie Sie *überhaupt* buchen müssen, sowie etliche Informationen zu immer wieder auftretenden Spezialfällen, die für Anfänger bzw. EÜR-Umsteiger zumindest ungewohnt oder überraschend sind.

5.1.1 Standardbuchungen

Der Normalfall ist die Erstellung bzw. der Erhalt einer Rechnung (entweder von einem Lieferanten an Sie, oder von Ihnen an einen Kunden) und die zugehörige Zahlung. Im Unterschied zur EÜR werden diese beiden Vorgänge (Rechnung und Zahlung) *separat* erfasst und gebucht. Solange eine Rechnung (auch teilweise) unbezahlt ist, erscheint sie dadurch automatisch in der *Offene-Posten-Liste* Ihrer Fibu-Software. So haben Sie immer einen aktuellen Überblick über noch zu bezahlende Rechnungen. (Viele Fibu-Programme mit Online-Banking-Funktionen können auch Rechnungen direkt aus der Offene-Posten-Liste heraus bezahlen, d.h. von Ihrem Bankkonto an Ihren Lieferanten überweisen, wenn in den Kreditorenstammdaten dessen Bankverbindung hinterlegt ist.)

5.1.1.1 Eingangsrechnungen

Sie haben also eine Rechnung von einem Lieferanten erhalten. Diese buchen Sie „Kosten an Kreditor" – das bedeutet: Als Sollkonto wählen Sie ein geeignetes Kostenkonto wie z.B. „Bürobedarf" 4930 (6815) und als Habenkonto ein Kreditorenkonto wie z.B. 71901 „Schmidt Bürobedarf GmbH". Falls Sie das Kreditorenkonto noch nicht angelegt haben (z.B. weil dies die erste Rechnung dieses Lieferanten ist), holen Sie dies vor der Buchung noch nach.

In den meisten Fibu-Programmen wird der Bruttobetrag der Rechnung (also inkl. Mwst.) eingegeben und die Steuer durch den Steuerschlüssel automatisch ermittelt und auch gleich gebucht. Wenn Sie also eine Buchung über 47,60 Euro auf „Bürobedarf" 4930 (6815) an „Schmidt GmbH" 71901 eingeben und dabei den Steuerschlüssel für den Regelsteuersatz angeben (wie das genau geht, sehen Sie bitte in der Anleitung Ihrer Fibu-Software nach), werden im Hintergrund automatisch *zwei* Buchungen erzeugt:

- 40,00 Euro (der Nettobetrag ohne Mehrwertsteuer) wird im Soll auf das Kostenkonto 4930 (6815) gebucht und im Haben auf das Kreditorenkonto 71901;

- 7,60 Euro (die Mehrwertsteuer) wird im Soll auf das Aktivkonto 1576 (1406) „Abziehbare Vorsteuer

19%" gebucht und im Haben ebenfalls auf das Kreditorenkonto 71901.

Üblicherweise ist Fibu-Software so konfiguriert, dass diese automatischen Steuerbuchungen normalerweise gar nicht angezeigt werden (weil sie nicht wirklich interessieren). Wenn Sie das Vorsteuerkonto tatsächlich einmal genauer ansehen wollen, können Sie davon ja ein Kontenblatt erzeugen.

In einer „jungfräulichen" Buchhaltung hätten Sie nach dieser Beispielbuchung nun folgende Kontensalden:

- 40,00 Euro auf dem Kostenkonto „Bürobedarf"; dies wird in der GuV (und in der BWA) als Betriebsausgabe berücksichtigt und mindert den Gewinn;

- 7,60 Euro auf dem Aktivkonto „Abziehbare Vorsteuer 19%"; dies ist eine Forderung gegenüber dem Finanzamt, da Sie von diesem die Vorsteuer ja erstattet bekommen (in Wahrheit – bzw. in der Praxis, um die es hier ja geht – bleibt das beim Jahresabschluss nicht exakt so in der Bilanz stehen; bitte lesen Sie dazu weiter unten das Kapitel über die Umsatzsteuer-Abschlussbuchungen);

- 47,60 Euro auf dem Passivkonto „Verbindlichkeiten aus Lieferungen und Leistungen" 1600 (3300) – dort wird es, wie bereits erwähnt, im Rahmen aller Kreditorenkonten automatisch aufsummiert.

Weil es wirklich wichtig ist, wiederhole ich es hier noch einmal: Geben Sie bei der Belegnummer der Buchung die tatsächliche Rechnungsnummer ein, die auf der Rechnung steht, und einen aussagekräftigen Buchungstext (eben nicht „Bürobedarf" – das sieht man ja schon anhand der Auswahl des Kostenkontos – sondern z.B. „10.000 Blatt Papier" o.ä.)! (Falls die Rechnungsnummer länger als Ihr Eingabefeld ist, nehmen Sie am besten so viele Stellen von *hinten* her, wie in Ihr Feld passen.)

Bei der Gelegenheit auch noch gleich einige wichtige Anmerkungen zum Unterschied zwischen Handelsware und Verbrauchsmaterial (dazu nehmen wir gleich das obige „Papier-Beispiel" her):

- Wenn Sie einen Schreibwarenladen haben und die 10.000 Blatt Papier gekauft haben, um sie in Kleinmengen an Ihre Endverbraucherkunden weiterzuverkaufen, ist das Handelsware und wird im Einkauf auf die Kontenklasse 3 (5) gebucht, z.B. 3400 (5400) „Wareneingang 19% Vorsteuer".

- Wenn Sie das Papier in Ihre eigenen Kopierer und Drucker stecken und damit selber verbrauchen, ist das Verbrauchsmaterial und wird im Einkauf auf die Kontenklasse 4 (6) gebucht, z.B. 4930 (6815) „Bürobedarf" (mit geeignetem Steuerschlüssel; hier gibt es im Unterschied zum Wareneingang keine separaten Fibu-Konten zum unterschiedlichen Steuersatz).

- Und der Vollständigkeit halber: Wirtschaftsgüter, die Sie selbst verwenden und auf einen längeren Zeitraum „abschreiben" müssen (weil sie teurer als 150, 410 oder 1.000 Euro sind, siehe auch Informationen zur Abschreibung im Kapitel über die Abschlussbuchungen weiter unten), landen in der Kontenklasse 0 (0), z.B. 0410 (0635) „Geschäftsausstattung" (z.B. ein Kassensystem oder Ihre Telefonanlage etc.) oder auch 0027 (0135) „EDV-Software" als „immaterieller Vermögensgegenstand". Man spricht in einem solchen Fall auch davon, dass das Wirtschaftsgut „aktiviert" wird, denn diese ganzen Fibu-Konten landen auf der Aktivseite Ihrer Bilanz (z.B. bei „Sachanlagen"). (Dies alles gilt, wie gesagt, nur für Anschaffungen für Ihren eigenen Bedarf; wenn Sie irgendeine technische Anlage für eine Million Euro als Handelsware, also zum Weiterverkauf, einkaufen, landet die – ebenso wie weiterzuverkaufende Software – genauso auf Konto 3400 (5400) wie im ersten Absatz beschrieben – bei Handelsware gibt es keine Euro-Grenzen, keine Abschreibung, keine Sonderfälle …)

- Und auch gleich noch bei der Gelegenheit: Es gibt Wirtschaftsgüter, die nicht abgeschrieben werden, weil sie – zumindest nach Auffassung der Finanzverwaltung – nicht an Wert verlieren. Dazu zählen z.B. Grundstücke, aber auch Internet-Domains, wenn das Recht daran entgeltlich erworben wurde. (Damit meine ich jetzt nicht die 39,95 Euro pro Jahr, die Sie an Ihren Internet-Provider für den technischen Betrieb der Domain bezahlen – die können Sie ganz normal auf 4925 (6810) buchen –, sondern die 10.000 Euro, die Sie an den vorherigen Domain-Inhaber gezahlt haben, damit Sie Eigentümer von „diese-Domain-wollte-ich-schon-immer-haben.de" werden.) Solche Kosten können Sie auf ein Lizenzkonto wie 0030 (0140) buchen (oder sie kopieren dieses Konto auf 0031 (0141) und nennen es „Internet-Domains"). Leider ist das erst einmal keine Betriebsausgabe (weil Sie nur Geld gegen die Domain „getauscht" haben und daher immer noch der gleiche Wert in Ihrem Unternehmen steckt); erst wenn Sie so ein Wirtschaftsgut wieder verkaufen (ob es nun ein Grundstück oder eine Internet-Domain ist), wirkt sich die Differenz zwischen Einkaufs- und Verkaufspreis auf Ihren Gewinn aus (positiv oder negativ).

Aber was ich Ihnen eigentlich näherbringen wollte, sind die Versandkosten und der Skontoabzug:

- Für die Versandkosten bei Handelswaren gibt es ein eigenes Fibu-Konto: 3800 (5800) „Bezugsnebenkosten", das Sie in diesem Fall auch verwenden sollten. Wenn Sie jedoch Versandkosten bei Verbrauchsmaterial (oder auch aktivierten Wirtschaftsgütern) in Rechnung gestellt bekommen, dürfen Sie dieses „Bezugsnebenkosten"-Konto *nicht* verwenden; die Versandkosten erhöhen in diesem Fall ganz einfach den Bezugspreis. Wenn Sie also Papier für Ihre eigenen Kopierer und Drucker gekauft haben, wird der *Gesamtbetrag* der Rechnung auf 4930 (6815) gebucht *(inklusive* Versandkosten).

- Wenn in einer Rechnung gleichzeitig Handelsware und Verbrauchsmaterial (oder aktivierte Wirtschaftsgüter) *und* Versandkosten enthalten sind, wäre es 100%ig korrekt, die Versandkosten (dem Verhältnis der Nettopreise entsprechend) aufzuteilen. Solange es sich aber nicht um Tausende Euro für einen Frachtcontainer aus China handelt, wird niemand etwas dagegen haben, die „dreifuffzich" komplett z.B. dem Rechnungsposten mit dem größten Nettobetrag zuzuordnen.

- Ähnlich verhält es sich mit Skontoabzug bei der Zahlung („zahlbar innerhalb von 8 Tagen mit 3% Skonto" o.ä.). Für Handelsware gibt es dafür z.B. das Konto 3736 (5736) „Erhaltene Skonti 19% Vorsteuer" (das Sie natürlich mit einem negativen Betrag bebuchen müssen, da der Skontoabzug ja – im Gegensatz zu Versandkosten – eine Gutschrift ist). Bei Verbrauchsmaterial (bzw. aktivierten Wirtschaftsgütern) gilt das oben gesagte: Hier dürfen Sie kein Skontokonto bebuchen, sondern der Skontoabzug mindert einfach den gesamten Anschaffungspreis. (Die Anmerkungen zur Aufteilung aus dem letzten Absatz bezüglich Versandkosten gelten natürlich auch für den Skontoabzug.)

Speziell beim Skontoabzug können bzw. müssen Sie allerdings noch zwei weitere Dinge beachten:

- Wenn Sie bereits bei der Buchung der Rechnung wissen, dass Sie z.B. innerhalb von 8 Tagen überweisen und den Skontoabzug in Anspruch nehmen, können Sie das Skontokonto auch bereits zu diesem Zeitpunkt bebuchen – natürlich nur bei

Handelsware. Bei Verbrauchsmaterial bzw. aktivierten Wirtschaftsgütern buchen Sie einfach gleich von vornherein den um den Skontoabzug verminderten Gesamtbetrag. Ich finde das praktischer als bei der Zahlung irgendwelche Skontokorrekturen vorzunehmen – was ohnehin nur bei Handelsware funktioniert (siehe nächster Absatz).

• Manche Fibu-Programme schlagen – wenn Sie die Kreditorenstammdaten entsprechend eingerichtet haben – verschiedene Zahlungstermine mit den zugehörigen Skontoabzügen vor. Diese Funktion können Sie im Prinzip verwenden, wenn sie korrekt konfiguriert ist (ich tue es nicht, weil mir derartige Automatiken leicht suspekt sind) – *aber*: Üblicherweise werden Skontoabzüge bei der Bezahlung des offenen Postens stets auf das eingerichtete Skontokonto 3736 (5736) gebucht – und das ergibt bei Verbrauchsmaterial bzw. aktivierten Wirtschaftsgütern keinen Sinn (denn dann würde z.B. 4930 (6815) „Bürobedarf" gebucht und davon Skonto auf 3736 (5736) abgezogen – das ergäbe durch die unterschiedlichen Kontenklassen keinen Sinn). Daher empfehle ich, derartige Automatik eher nicht (oder wenn, dann nur mit Bedacht) zu verwenden, damit keine unsinnigen Buchungen entstehen.

Soviel zu Ihren Eingangsrechnungen. Wie Sie eine Buchung auf mehrere Konten aufteilen („splitten"), z.B. auf 3400 (5400) und 3736 (5736) und/oder 3800 (5800), hängt von Ihrer Fibu-Software ab; manchmal geben Sie vorab den Gesamtbetrag an und teilen diesen in der Folge auf die einzelnen Konten auf; bei anderen Programm wiederum geben Sie zuerst die einzelnen Buchungen ein und fassen diese danach zu einem einzigen offenen Posten zusammen. Sehen Sie in der Anleitung zu Ihrer Fibu-Software unter „Splitbuchungen" nach.

Eingangsrechnungen aus dem Ausland müssen Sie umsatzsteuerlich ggf. besonders behandeln. Normalerweise genügt es allerdings, wenn Sie in Ihrer Fibu-Software einen entsprechenden Steuerschlüssel bei der Buchung angeben; evtl. müssen Sie aber auch abweichende Konten bebuchen. Im Kapitel „Umsatzsteuer" weiter unten in diesem Buch finden Sie nähere Informationen zu den möglichen Fällen.

5.1.1.2 Ausgangsrechnungen

Kommen wir nun zur zweitliebsten Beschäftigung des Unternehmers: zum Ausstellen von Rechnungen. (Die liebste Beschäftigung ist natürlich das Buchen der Kontoauszüge, sobald diese Rechnungen bezahlt wurden.)

Im Prinzip funktioniert das ganze natürlich umgekehrt wie bei den Eingangsrechnungen – und ist eigentlich sogar noch einfacher: Sofern Sie keine weitergehenden Auswertungen benötigen (und es sich um Umsätze in Deutschland zum Regelsteuersatz handelt), können Sie (sowohl technisch als auch steuerlich) einfach alle Ausgangsrechnungen auf das Fibu-Konto 8400 (4400) „Erlöse 19% USt" buchen – und fertig. (Man bucht hier „Debitor an Erlöskonto", also z.B. 10001 – das Personenkonto des Kunden –

als Sollkonto und 8400 (4400) – das Erlöskonto – als Habenkonto.) Im Hintergrund wird dabei auf das Erlöskonto nur der Nettobetrag (ohne Mwst.) gebucht und die Mwst. automatisch auf das entsprechende Umsatzsteuerkonto, z.B. „Umsatzsteuer 19%" 1776 (3806).

In der Praxis benutzt man vielleicht noch das eine oder andere zusätzliche Erlöskonto – aber übertreiben Sie es nicht! Wenn Sie z.b. Dienstleistungen und Warenverkauf anbieten, könnten Sie 8400 (4400) für Dienstleistungen und 8401 (4401) für Warenverkauf verwenden (jedoch nur für Handelswaren; sollten Sie einmal Ihre eigenen Wirtschaftsgüter verkaufen, z.b. einen gebrauchten Kopierer aus Ihrem Büro, müssen Sie stattdessen 8801 (6885) bzw. 8820 (4845) verwenden und gleichzeitig den Restwert aus Ihrem Inventarverzeichnis ausbuchen – siehe Abschnitt über die Abschreibungsbuchungen im Kapitel über die Jahresabschlussbuchungen).

Auch hier gibt es zahlreiche Skonto-, Nachlass-, Rabatt- etc. -konten (quasi umgekehrt wie bei den Eingangsrechnungen: Hier sind es nun *von Ihnen gewährte* Skonti, Rabatte etc.), die Sie verwenden können, aber nicht müssen. Irgendwann wird es einfach zu unübersichtlich, vor allem dann, wenn Sie Ihren Kunden auch noch die Wahl lassen, mit und ohne Skontoabzug zu zahlen – denn dann müssten Sie den Skontoabzug ggf. erst noch bei der Zahlung nachbuchen und möglicherweise auch noch auf 7% und 19% Mwst. aufteilen. Wenn Sie einen ernsthaften Grund haben, derartige Rabatt-, Skonto- etc. -Konten zu verwenden, dann tun Sie es, aber denken Sie vorher dreimal darüber nach, ob es nicht auch ohne geht. Denn nichts ist einfacher zu buchen als „*ein* Rechnungsbetrag – *ein* Zahlungsbetrag" – und fertig!

Bei der Gelegenheit auch gleich noch die Anmerkung, dass dies alles auch für Ihre Versandkosten gilt (falls Sie Waren verschicken). Glauben Sie nicht (typischer Anfängerfehler!), die Versandkosten wären umsatzsteuerfrei, nur weil in einer Brief- oder Paketmarke, die Sie einkaufen, keine Mwst. enthalten ist – die Nebenleistung (Versand) teilt stets das (umsatzsteuerliche) Schicksal der Hauptleistung (Ware), d.h. in Ihren Rechnungen muss die Mwst. ganz am Schluss, also *nach* der Addition der Versandkosten aufgeschlagen werden (z.B. 100 Euro Ware, zzgl. 5 Euro Versand, macht zusammen netto 105 Euro, zzgl. 19% Mwst. 19,95 Euro, ergibt insgesamt 124,95 Euro). Bei Büchern oder anderen Artikeln mit reduziertem Mwst.-Satz wären auch die Versandkosten nur 7% Mwst. unterworfen. Bei „gemischten" Warenkörben müssten Sie gesetzlich die Versandkosten nach einem geeigneten Schlüssel, z.B. Nettopreis, Gewicht o.ä. aufteilen und separat anteilig mit 7% und 19% versteuern, aber viele vorkonfigurierte Online-Shops können das vermutlich nicht. Hier bleibt in der Praxis nur die Aufteilung in mehrere Warenkörbe oder eine generelle Anwendung des 19%-Satzes auf die gesamten Versandkosten – das ist dann ein „unrichtiger Steuerausweis" nach § 14c UStG, und Sie müssen auch diese „unrichtige" Steuer wie gewohnt abführen (aber das Finanzamt kann sich nicht beschweren, dass Sie zu wenig Umsatzsteuer abgeführt haben – Sie sind damit also auf der sicheren Seite). Der Rechnungsempfänger darf allerdings laut § 15 UStG nur die *gesetzlich geschuldete Steuer* als Vorsteuer abziehen, und das wäre ja die „gemischte" (und damit weniger als die, die Sie in Ihre Rechnung geschrieben haben). Wie das in der Praxis funktionieren soll, weiß ich nicht: Erstens fällt so etwas keinem Buchhalter im täglichen Massengeschäft überhaupt auf, und zweitens (falls es doch einmal jemand bemerken sollte) müsste derjenige erst noch heftig mit dem Taschenrechner herumfummeln, um die korrekte Steuer zu ermitteln – das macht kein Buchhalter auf der Welt. Aber das ist nicht mehr Ihr Problem – außer vielleicht, wenn Ihr Kunde Ihre Rechnung nicht bezahlen will, weil sich darin ein „unrichtiger Steuerausweis" befindet (und Sie zur Korrektur auffordert). Behalten Sie also dieses Problem zumindest im Hinterkopf, und denken Sie sich, falls Sie davon betroffen sind, ggf. einen geeigneten Workflow dafür aus.

Auf der anderen Seite ist die Erlösbuchung denkbar einfach: Der Rechnungsendbetrag (inkl. Versandkosten) landet insgesamt auf dem Erlöskonto, also z.B. 8400 (4400), d.h. normalerweise legt man kein Extra-Konto für die Versandkosten an (jedenfalls nicht für die eingenommen; die von Ihnen bezahlten Paketscheine für den Warenversand können Sie ja auf „Ausgangsfrachten" 4730 (6740) statt „Porto" 4910 (6800) buchen; in der Gegend 47xx (67xx) gibt es im Kontenrahmen bei Bedarf auch noch ein paar andere thematisch zugehörige „Versandkonten" wie z.B. „Verpackungsmaterial" oder „Transportversicherungen" etc.).

Alles bisher in diesem Kapitel gesagte gilt für den „normalen" Geschäftsbetrieb, also Ihre Umsatzerlöse aus dem „Tagesgeschäft". Für die meisten Einnahmen, die Ihren Gewinn „außer der Reihe" erhöhen, gibt es davon abweichende spezielle Konten (z.B. für Zinsen auf Ihrem „Business-Tagesgeldkonto", für Mieteinnahmen aus untervermieteten Büros, für Versicherungsentschädigungen, für bereits abgeschriebene Forderungen u.v.m.). Es würde (viel) zu weit führen, hier alle derartigen Konten einzeln aufzuzählen; lesen Sie sich einfach in einer ruhigen Minute einmal die entsprechenden Kontenbereiche in den SKR durch, ob und welche „speziellen" Erlöskonten auf Sie zutreffen (normalerweise sind das auch nur eine Handvoll).

Auch hier gilt wieder: Wenn Sie etwas ins Ausland verkaufen, sind möglicherweise bestimmte Dinge bezüglich der Umsatzsteuer zu beachten. Näheres dazu finden Sie weiter unten in diesem Buch im Kapitel „Umsatzsteuer – Ausland".

5.1.1.3 Zahlung

Wenn eine Ein- oder Ausgangsrechnung, die Sie wie oben beschrieben gebucht haben, bezahlt wird, ist das lediglich ein Ausgleich zwischen dem jeweiligen Personen- und Bank-(oder Kassen-)Konto. Sie brauchen sich zum Zahlungszeitpunkt also keinerlei Gedanken mehr um das richtige Aufwands- bzw. Erlöskonto und/oder den korrekten Steuerschlüssel machen.

Wenn Sie eine Rechnung eines Ihrer Lieferanten bezahlen, wird dies „Kreditor an Bank" gebucht, d.h. als Sollkonto verwenden Sie das Kreditorenkonto Ihres jeweiligen Lieferanten (z.B. 71901) und als Habenkonto das Konto, von dem aus Sie die Rechnung bezahlt haben, z.B. 1100 (1600) Postbank, 1200 (1700) Sparkasse, oder eben auch

1000 (1800) Kasse, falls Sie Ihren Lieferanten bar bezahlt haben (z.B. bei Briefmarken).

Wenn Sie umgekehrt Geld von einem Ihrer Kunden für eine Ihrer Rechnungen erhalten, passiert das ganze andersherum, also „Bank an Debitor", d.h. hier ist das Bank- oder Kassenkonto das Sollkonto und das Personenkonto Ihres Kunden (z.B. 10001) das Habenkonto.

Als Buchungsdatum der Zahlung geben Sie das Buchungsdatum aus Ihrem Bankkontoauszug an (bzw. im Fall einer Bargeldbuchung das Datum, an dem das Geld in die Kasse gelegt bzw. aus ihr entnommen wurde); als Belegnummer – ebenso wie bei der Buchung der Rechnung – die Rechnungsnummer, die mit dieser Geldbewegung bezahlt wurde. (Manche Fibu-Programme erfordern an dieser Stelle eine exakte Übereinstimmung der Belegnummer bei Rechnung und Zahlung, damit der Zusammenhang zwischen den beiden Buchungen hergestellt werden kann!)

Wenn alle offenen Rechnungen des jeweiligen Kunden bzw. Lieferanten vollständig bezahlt wurden, ist der Stand des zugehörigen Personenkontos (10001 bzw. 71901 aus den obigen Beispielen) 0 Euro. Natürlich kann eine Rechnung auch in Teilbeträgen bezahlt werden (sogar gemischt über das Bankkonto und die Bargeldkasse); dann verbleibt auf dem Personenkonto bis zum vollständigen Ausgleich der restliche offene Betrag.

Das oben beschriebene Verfahren (Direkteingabe der Zahlung in die Fibu-Software als „normale" Buchung) funktioniert „immer und überall" – allerdings nicht besonders komfortabel: Sie könnten sich bei der Belegnummer vertippen; der Buchungstext muss nochmals eingegeben werden etc. Viele Fibu-Programme bieten daher eine Funktion an, mit der die Bezahlung einer Rechnung direkt aus der Offene-Posten-Liste heraus bezahlt werden kann: Sie öffnen in Ihrem Programm die Offene-Posten-Liste, wählen die betreffende Rechnung darin aus und starten die Funktion „Neue Zahlung erfassen" (oder wie diese Funktion in Ihrer Software heißt). Nun brauchen Sie nur noch das für die Zahlung verwendete Bankkonto (z.B. 1100, 1200, 1700 ...) und den Zahlungstag (=Buchungsdatum) eintragen, und Belegnummer und Buchungstext werden automatisch aus dem offenen Posten übernommen. (Bei einer Ratenzahlung müssen Sie ggf. noch den vorgeschlagenen Zahlungsbetrag auf die tatsächlich bezahlte Rate herabsetzen – und die möglicherweise erscheinende Frage „Rest als Skontoabzug buchen?" natürlich verneinen – außer es wäre tatsächlich ein Skontoabzug, den Sie „genehmigen" wollen; siehe auch das Kapitel über Ausgangsrechnungen weiter oben.) Voilà!

Noch komfortabler funktioniert das ganze, wenn in Ihrer Fibu-Software Online-Banking eingebaut ist: Hier holen Sie Ihre Bankumsätze elektronisch ab und können diese einfach per Mausklick den offenen Rechnungen zuweisen – dann brauchen Sie überhaupt keine manuellen Eingaben mehr machen (was sehr zur Fehlervermeidung beiträgt).

Falls Ihre Bank in den elektronischen Kontoumsätzen die Kontonummern der „Gegenseite" mitliefert (also die Ihrer Kunden bzw. Lieferanten), können Sie diese bei der Gelegenheit auch gleich in den Kunden- bzw. Lieferantenstammdaten speichern. Bei der nächsten Bankbuchung vom selben Konto weiß Ihre Fibu-Software dadurch auch gleich noch das zugehörige Personenkonto, und Sie brauchen nicht einmal mehr die im letzten Abschnitt beschriebene manuelle Zuweisung machen. Falls Ihre Fibu-Software diese Funktion unterstützt, sparen Sie sehr viel Zeit damit, und Ihre täglichen Kontoauszüge sind in Sekundenschnelle gebucht! Sie sollten eine solche Funktion – falls vorhanden – also unbedingt nutzen.

5.1.2 Sonderfälle

Neben diesen „Standardbuchungen" – Rechnungen und Zahlungen – gibt es einige Fallstricke, die ich hier aufführen muss:

5.1.2.1 Rechnungsabgrenzung

Wie ich bereits ganz zu Anfang dieses Buches erwähnt habe, ist der *Leistungszeitpunkt* für Ihre Buchhaltung entscheidend (und nicht etwa das Rechnungs- oder gar Zahlungsdatum). Unterm Jahr spielt das keine Rolle (außer Sie wollen eine exakt monatsgenaue BWA erstellen, aber ich kenne niemanden, der so etwas tut, außer vielleicht bei Millionenrechnungen für ein Jahr im Voraus, die man dann doch lieber per Zwölftel auf die einzelnen Monate aufteilt), d.h. wenn Sie im April eine Rechnung erhalten, in der Ihnen Ihr DSL-Anschluss für den Zeitraum März in Rechnung gestellt wird, buchen Sie diese Rechnung ganz normal mit dem April-Rechnungsdatum, und das war's dann auch schon.

Aufpassen müssen Sie jedoch um den Jahreswechsel herum: Wenn Sie im Dezember eine Rechnung *für* Januar erhalten (oder umgekehrt), müssen Sie ein paar zusätzliche Buchungen durchführen, damit später alles „zeitrichtig" in Ihrer GuV erscheint. Wobei das nicht unbedingt im Dezember oder Januar passieren muss: Zum Beispiel Versicherungen schicken ja oft eine Rechnung für das ganze (Versicherungs-)Jahr – das kann auch der Zeitraum „Juli laufendes Jahr bis einschließlich Juni Folgejahr" sein.

Viele Steuerberater erstellen diese zusätzlichen Buchungen (damit korrekterweise der *Leistungszeitpunkt* für den Gewinn entscheidend ist) erst am Jahresende im Rahmen des Jahresabschlusses (oder erfassen gar nur die *Änderungen* zum Vorjahr); ich persönlich finde es wesentlich besser und sinnvoller, diese Buchungen *sofort* nach der „ursprünglichen" Buchung zu machen – denn am Jahresende wissen Sie doch gar nicht mehr, welche Rechnungen „jahresübergreifend" waren (zumindest dann nicht, wenn es mehr als eine oder zwei waren). Und wenn Sie alles gleich (und richtig) buchen, haben Sie danach auch sofort wieder eine Kontrollmöglichkeit, da am Ende auf den relevanten Konten letztendlich ein Saldo von 0 Euro herauskommen muss – sonst haben Sie irgendetwas vergessen.

Voraussetzung für die sofortige Buchung dieser „Rechnungsabgrenzungsposten" (und deren „Auflösung" im Folgejahr oder sogar in mehreren Folgejahren) ist, dass Ihre Fibu-Software das frühzeitige Anlegen (bebuchbarer) Folgejahre zulässt – aber das ist eigentlich Standard.

Die möglichen vier Fälle beschreibe ich in den nächsten vier Abschnitten anhand von Beispielen (im ersten Abschnitt etwas ausführlicher, damit Sie die dort beschriebenen Prinzipien auch auf die anderen drei Fälle anwenden können).

5.1.2.1.1 Eingangsrechnung für das Folgejahr

Beispiel: Sie erhalten von Ihrem Internet-Provider im Juli 2014 eine Rechnung (mit Datum 13.7.2014) über Ihre Domain „example.com" über 24 Euro zzgl. 19% Mwst. für den Zeitraum August 2014 bis einschließlich Juli 2015 (also ein Jahr).

Lösung: Sie buchen den Gesamtbetrag von 28,56 Euro (inkl. Mwst.) erst einmal ganz normal (mit Datum 13.7.2014) auf 4925 (6810) an Kreditor (inkl. Steuerschlüssel für den Regelsteuersatz).

Nun müssen Sie die Anteile für das jeweilige Jahr ermitteln (die Mwst. bleibt dabei in allen weiteren Buchungen unberücksichtigt; Sie rechnen – und buchen – alles weitere rein netto, also ohne Berücksichtigung der Mwst.). August 2014 bis einschließlich Juli 2015 sind zwölf Monate; dafür zahlen Sie einen Nettobetrag von 24 Euro. Im Jahr 2014 betrifft diese Rechnung also fünf Monate (August bis einschließlich Dezember); im Jahr 2015 sieben Monate (Januar bis einschließlich Juli). (Kontrollmöglichkeit: Die Summe der Monate in jedem Jahr muss die Gesamtanzahl der Monate ergeben.)

Im nächsten Schritt ermitteln Sie die anteiligen Kosten (Sie erinnern sich: ohne Mwst.!) für jedes betroffene Jahr. In diesem Beispiel sind das also 5/12 mal 24 Euro = 10 Euro für das Jahr 2014 und 7/12 mal 24 Euro = 14 Euro für das

Jahr 2015. (Kontrollmöglichkeit: Die Summe der Teilbeträge muss den Gesamtbetrag ergeben: 10+14 = 24 Euro – passt!)

So, und da Sie ja als ersten Schritt die gesamte Rechnung (mit 24 Euro netto) ins laufende Jahr gebucht haben, müssen Sie nun den Anteil für das Folgejahr (14 Euro netto) dort wieder wegbekommen. Dies erledigen Sie mit einer Buchung „Aktive Rechnungsabgrenzung an Kosten", bei Internetkosten also 0980 (1900) – Sollkonto – an 4925 (6810) – Habenkonto.

Wenn Sie nun das Kostenkonto – hier also 4925 (6810) – anschauen (z.B. per Kontenblatt), sehen Sie eine Sollbuchung über 24 Euro und eine Habenbuchung über 14 Euro – macht einen Saldo von 10 Euro, und das ist auch genau der Kostenanteil für das laufende Jahr. So weit, so gut.

Das war aber erst die halbe Arbeit. Jetzt müssen Sie nämlich noch die Kosten im nächsten Jahr „erzeugen". Gehen Sie in Ihrer Fibu-Software in das nächste Jahr (legen Sie es vorher an, falls es noch nicht existiert) und buchen Sie dort „Kosten an Aktive Rechnungsabgrenzung", hier also 4925 (6810) – Sollkonto – an 0980 (1900) – Habenkonto (mit genau den 14 Euro netto, die Sie im vorigen Jahr „andersherum" gebucht haben). Das Kontenblatt von 4925 (6810) zeigt nun im neuen Jahr 14 Euro Kosten – und das ist genau der Anteil, der für dieses Jahr auch tatsächlich anfällt. Fertig!

In Ihrer Bilanz für das alte Jahr finden Sie die „verschobenen" 14 Euro ganz unten auf der Aktivseite unter „Aktive Rechnungsabgrenzung". Zur Klarheit für das Finanzamt sollten Sie diesen Posten in Ihrer Bilanz entsprechend nach Beträgen und Konten aufschlüsseln, z.B. „Internetkosten, Anteil Folgejahr", „Versicherungen Folgejahr" oder „Zeitschriften-Abonnements, Anteil Folgejahr" o.ä.

Für die zwei „Verschiebe"-Buchungen, an denen das Konto 0980 (1900) „Aktive Rechnungsabgrenzung" beteiligt ist, sollten Sie natürlich als Belegnummer wieder die originale Rechnungsnummer hernehmen und den Buchungstext entsprechend ergänzen, z.B. „Dings GmbH, example.com 1 Jahr, Anteil 2015" (den Kreditor sollten Sie mit dazuschreiben, da an diesen Buchungen ja kein Personenkonto beteiligt ist und Sie bei mehreren Lieferanten sonst keine Zuordnung hätten. Wenn Sie nur einen einzigen Lieferanten für diese Dinge haben und/oder es Ihnen egal ist, von wem diese Rechnung kam, können Sie den Kreditoren natürlich auch weglassen). Für das Belegdatum im alten Jahr nehmen Sie stets das Buchungsdatum der originalen Buchung her (also i.d.R. das Rechnungsdatum); für das Belegdatum im neuen Jahr können Sie im Prinzip ein beliebiges Datum hernehmen; ich habe mir angewöhnt, hier das gleiche Datum wie die Originalrechnung (nur eben ein Jahr später) zu verwenden; im obigen Beispiel also den 13.7.2015.

Auch an dieser Stelle haben Sie (wieder einmal) eine Kontrollmöglichkeit: Der Saldo Ihres Kontos „Aktive Rechnungsabgrenzung" 0980 (1900) muss am Ende Ihres letzten in der Fibu enthaltenen Wirtschaftsjahrs wieder 0 Euro betragen, sonst haben Sie irgendetwas vergessen (bei einem Sollsaldo haben Sie vergessen, eine „Verschiebung" im Folgejahr aufzulösen; bei einem Habensaldo haben Sie irgendwas aufgelöst, das Sie gar nicht „verschoben" hatten).

Analog dazu verfahren Sie mit Eingangsrechnungen für mehrere Jahre: Falls die Rechnung im obigen Beispiel für den dreijährigen Zeitraum August 2014 bis einschließlich Juli 2017 wäre (=36 Monate), würden Sie im Jahr 2014 erst 31 Monate auf 0980 (1900) abgrenzen (Anteil ab Januar 2015) und in 2015 und 2016 jeweils zwölf dieser Monate auflösen und in 2017 die restlichen sieben Monate. (Kontrolle: 5+12+12+7=36 – passt!)

Natürlich gibt es auch Rechnungen, die im aktuellen Jahr überhaupt keinen Leistungszeitraum haben, z.B. eine Versicherungsrechnung vom 23.12. für das Folgejahr (1.1.-31.12.). Dann müssen Sie eben den *gesamten* Rechnungsbetrag abgrenzen, da im laufenden Jahr „null" Monate davon betroffen sind.

Ich hoffe, Sie haben das Prinzip anhand dieses anschaulichen Beispiels nun verstanden. Zur Kontrolle können Sie sich die Kontenblätter des Kostenkontos in jedem beteiligten Jahr ansehen: Die Eingangsrechnung muss in jedem Jahr die richtigen anteiligen Kosten für das jeweilige Jahr verursachen.

5.1.2.1.2 Eingangsrechnung für das Vorjahr

Hier muss man mehrere mögliche Fälle unterscheiden. Zunächst einmal: Ist Ihr Jahresabschluss für das Vorjahr bereits fertig (und vielleicht sogar schon beim Finanzamt eingereicht), können Sie dort ja nichts mehr verändern. In diesem Fall buchen Sie die Rechnung einfach ganz normal im laufenden Jahr – etwas anderes bleibt Ihnen ja nicht übrig. (Dies gilt insbesondere für vergessene 3,50 Euro-Briefmarkenquittungen o.ä. – falls es sich um Millionenbeträge handelt, sollten Sie zusammen mit Ihrem Steuerberater aber vielleicht doch über eine Bilanzkorrektur nachdenken.)

Als nächstes müssen Sie untersuchen: Betrifft die Rechnung *nur* einen Leistungszeitraum im Vorjahr, oder ist (teilweise *auch)* das aktuelle Jahr davon betroffen?

Im letzteren Fall müssen Sie die Rechnung entsprechend aufteilen, ähnlich wie bei der aktiven Rechnungsabgrenzung im letzten Abschnitt; allerdings muss hier auch die Mwst. berücksichtigt werden. Bleiben wir bei dem Beispiel aus dem letzten Abschnitt (eine Domainrechnung für den Zeitraum August 2014 bis einschließlich Juli 2015 über 24 Euro zzgl. Mwst.), nur mit dem Unterschied, dass diese Rechnung nun erst am 3.2.2015 ausgestellt wird.

Eine Aufteilung nach Monaten ergibt natürlich auch hier wieder 5 Monate für 2014, das sind auch hier wieder (netto) 10 Euro für 2014, und sieben Monate bzw. 14 Euro für 2015.

Den Anteil für das laufende Jahr, hier also 2015, buchen Sie „ganz normal", also 16,66 Euro (=14 Euro + 19% Mwst.) auf 4925 (6810) an Kreditor (z.B. 71901), natürlich mit dem Steuerschlüssel für den Regelsteuersatz

Dann gehen Sie in Ihrer Fibu-Software ins vorige Jahr zurück und buchen den Anteil für das Vorjahr wie folgt (z.B. mit einer Splitbuchung, falls Ihr Programm das unterstützt, ansonsten eben manuell einzeln):

- 10 Euro (also den Nettobetrag des Vorjahresanteils) auf „Kosten an Kreditor" *ohne* Steuerschlüssel, also rein netto, z.B. auf 4925 (6810) an 71901;

- 1,90 Euro (den zugehörigen Mwst.-Betrag dieses Vorjahresanteils) auf „Vorsteuer im Folgejahr abziehbar" an Kreditor, also auf 1548 (1434) an 71901.

Als Buchungsdatum geben Sie gewöhnlich den 31.12. des Vorjahres an; Belegnummer und Buchungstext wie üblich (letzterer ggf. mit Angaben über den anteiligen Leistungszeitraum).

Auf dem Vorjahres-Kostenkonto haben Sie nun korrekterweise den Aufwand von 10 Euro stehen; das Konto „Vorsteuer im Folgejahr abziehbar" erscheint in Ihrer Vorjahresbilanz bei den Aktiva unter „Sonstige Vermögensgegenstände" (denn da die Rechnung erst im Februar 2015 ausgestellt wurde, dürfen Sie auch erst für diesen Zeitraum die Vorsteuer anmelden).

Nun gehen Sie in Ihrer Fibu-Software wieder in das aktuelle Jahr zurück (achten Sie darauf, dass dabei die Salden aus dem Vorjahr übernommen bzw. aktualisiert werden) und buchen (zum Rechnungszeitpunkt, in diesem Beispiel also am 3.2.2015) die „Vorsteuer im Folgejahr abziehbar" auf ein „echtes" Vorsteuerkonto um, hier also die 1,90 Euro auf „Abziehbare Vorsteuer" 1570 (1400) (Soll) an „Vorsteuer im Folgejahr abziehbar" 1548 (1434) (Haben).

Auch hier gibt es wieder eine Kontrollmöglichkeit: Das Fibu-Konto „Vorsteuer im Folgejahr abziehbar" 1548 (1434) muss nach einer solchen Aktion im letzten beteiligten Jahr einen Saldo von 0 Euro haben, sonst haben Sie irgendeine Buchung vergessen.

Wenn Sie mögen (und Ihre Fibu-Software das anhand der identischen Belegnummer nicht vielleicht sogar ohnehin automatisch tut), können Sie die drei beteiligten Buchungen (jahresübergreifend) zu einem einzigen offenen Posten zusammenfassen (dessen Betrag dann mit dem Rechnungsbetrag inkl. Mwst. übereinstimmen sollte – wiederum eine Kontrollmöglichkeit!).

Falls die Rechnung sich *nur* auf einen Leistungszeitraum im Vorjahr beziehen sollte, entfällt im obigen Beispiel einfach die Teilbuchung für das laufende Jahr, und der *gesamte* Rechnungsbetrag wird im Vorjahr gebucht wie oben beschrieben.

5.1.2.1.3 Ausgangsrechnung für das Folgejahr

Ein Beispiel für eine solche Rechnung könnte sein, dass Sie Ihren Kunden einen Software-Wartungsvertrag für von Ihnen vertriebene Software anbieten und der Kunde Ihnen einen solchen Vertrag für ein Jahr im Voraus bezahlen muss, z.B. (um im obigen Rahmen zu bleiben) für den Zeitraum August 2014 bis einschließlich Juli 2015. In diesem Kapitel gehen wir davon aus, dass Sie die Rechnung dafür im Jahr 2014 stellen (in welchem Monat genau, spielt für die Buchhaltung keine Rolle). Vergessen Sie auch nicht, in Ihre Rechnung den genauen Leistungszeitraum zu schreiben; Ihr Kunde könnte die Rechnung sonst ablehnen! Gehen wir in diesem Beispiel von 1.200 Euro zzgl. 19% Mwst. = 1.428 Euro aus.

Erst einmal buchen Sie die Rechnung „ganz normal", d.h. Debitor an Erlöskonto, z.B. 10001 im Soll (das Personenkonto Ihres Kunden) und 8400 (4400) im Haben, mit dem Gesamtbetrag von 1.428 Euro und dem Steuerschlüssel für den Regelsteuersatz. (Wenn Sie Ihre Erlöskonten für verschiedene Produkte bzw. Dienstleistungen unterteilt haben, könnten Sie z.B. auch 8403 (4403) verwenden und dieses Konto „Software-Wartungsverträge" nennen.)

Nun hätten Sie erst einmal den gesamten Erlös im Jahr 2014, was jedoch nicht zutreffend ist, da sieben der zwölf Monate im Folgejahr liegen. Rechnen Sie aus, wie groß dieser Anteil (netto, d.h. ohne Mwst.) ist: 7/12 von 1.200 Euro sind 700 Euro. Dieser Betrag wird also erst im Folgejahr „verdient".

Um diesen Betrag aus dem Jahr 2014 „wegzubekommen", suchen Sie sich ein Erlöskonto ohne Mwst., bebuchen dieses im Soll, und als Gegenkonto im Haben nehmen Sie stets die „Passive Rechnungsabgrenzung" 0990 (3900) (die dann in Ihrer 2014er-Bilanz ganz unten bei den Passiva steht und die Sie fürs Finanzamt näher erläutern sollten, z.B. „Software-Wartungsverträge, Anteil Folgejahr" o.ä.).

Als besagtes „Erlöskonto ohne Mwst." können Sie z.B. 8200 (4200) hernehmen, bzw. falls Sie für Ihre Software-Wartungsverträge ein Extra-Erlöskonto 8403 (4403) angelegt haben, ist es zweckmäßig, zur Abgrenzung ebenfalls ein spezielles Konto 8203 (4203) mit der gleichen

Endziffer anzulegen und dieses entsprechend zu benennen (z.B. „Abgrenzung Software-Wartungsverträge" o.ä.).

Langer Rede kurzer Sinn (und um wieder zu unserem Beispiel zurückzukehren): Nach der Buchung der ursprünglichen Rechnung machen Sie (mit dem gleichen Datum und der gleichen Belegnummer) eine weitere Buchung 8203 (4203) an 0990 (3900) über den „verschobenen" Nettobetrag von 700 Euro (im Buchungstext können Sie – mangels Personenkonto, analog zur aktiven Rechnungsabgrenzung – noch den Debitorennamen angeben, z.B. „Müller 1 Jahr, Anteil 2015" o.ä.).

Und schließlich wechseln Sie ins Folgejahr und geben dort genau die gleiche Buchung, nur mit vertauschten Konten, nochmals ein, also z.B. 0990 (3900) an 8203 (4203), dann wird der anteilige Erlös im Folgejahr ergebniswirksam. Wie bei der aktiven Rechnungsabgrenzung verwende ich hierbei das Datum der Rechnung, nur eben ein Jahr später (dass Belegnummer und Buchungstext der Buchungen übereinstimmen sollten, versteht sich von selbst).

Falls Sie mehrjährige Wartungsverträge verkaufen (und sich von Ihren Kunden im Voraus bezahlen lassen), müssen Sie den Anteil des Nettobetrags, der quasi aus dem Jahr, in dem die Rechnung erstellt wurde, nach hinten „verschoben" wurde, in jedem betroffenen Jahr zeitanteilig auflösen. Für z.B. für drei Jahre ab August 2014 ergibt sich daher ein zeitanteiliger Erlös von 5, 12, 12 und 7 Monaten in den Jahren 2014, 2015, 2016 und 2017, wie (umgekehrt, also mit Eingangsrechnungen) auch im Abschnitt über die „Aktive Rechnungsabgrenzung" weiter oben dargestellt wurde.

Und auch hier haben Sie wieder eine Kontrollmöglichkeit: Am Ende aller eingerichteten Wirtschaftsjahre muss das Konto „Passive Rechnungsabgrenzung" 0990 (3900) einen Saldo von 0 Euro haben – sonst haben Sie irgendeine Buchung vergessen.

5.1.2.1.4 Ausgangsrechnung für das Vorjahr

Dieser Fall ist ziemlich einfach. Auch hier gilt wieder: Wenn Ihre Vorjahresbilanz bereits abgeschlossen (und auch schon ans Finanzamt übermittelt) ist, bleibt Ihnen nichts anderes übrig, als eine solche Rechnung einfach im laufenden Jahr zu buchen. (Und auch hier gilt wieder: Falls es sich nicht um eine 19,95 Euro-Rechnung handelt, die Sie in einem vergessenen Ablagefach wiedergefunden haben, sondern um ein Millionengeschäft, sprechen Sie mit Ihrem Steuerberater und erwägen Sie eine Bilanzkorrektur.)

Ansonsten müssen Sie den Rechnungsbetrag einfach noch im Vorjahr buchen, falls sich der Leistungszeitraum ausschließlich auf das Vorjahr bezieht, bzw. anteilig auf das Vorjahr und das aktuelle Jahr, falls der Leistungszeitraum der Rechnung jahresübergreifend ist (z.B. jeweils 5/12 und 7/12 des Rechnungsbetrags, um bei den obigen Beispielen zu bleiben). Besondere Konten gibt es dafür nicht; es wird also wie üblich „Debitor an Erlöskonto" gebucht, z.B. 10001 an 8400 (4400), immer inklusive Umsatzsteuerschlüssel. Die Vorjahresbuchung machen Sie zweckmäßigerweise mit dem Buchungsdatum 31.12. (vielleicht bietet Ihnen Ihre Fibu-Software ja die Möglichkeit, solche Buchungen in einer separaten „Sitzung" oder einem separaten „Stapel" o.ä. anzulegen, was die Übersichtlichkeit erhöht). Sie können – vorausgesetzt, Ihre Fibu-Software verfügt über diese Funktion – danach die beiden Teilbuchungen in den beiden Jahren zu einem gemeinsamen offenen Posten zusammenfassen (dessen Betrag dann auch wieder mit dem Rechnungsbetrag übereinstimmen sollte).

Wie Sie vielleicht bereits ahnen, ändert eine solche Buchung die zu zahlende Umsatzsteuer für den Vorjahres-Dezember. Falls Sie also die Umsatzsteuer-Voranmeldung für diesen Monat bereits ans Finanzamt übermittelt haben, müssen Sie diese Übermittlung nun mit den neuen Daten wiederholen (und die erneute Übermittlung als „Korrektur" kennzeichnen). Viele Steuerberater sparen sich eine solche Voranmeldungskorrektur allerdings bei Kleinbeträgen von nur wenigen Euro und geben den korrekten bzw. endgültigen Jahresumsatz erst in der Umsatzsteuererklärung im Rahmen des Jahresabschlusses an.

5.1.2.2 Versicherungsentschädigungen

Viele Unternehmer verzweifeln daran, wenn sie von einer Versicherung eine Entschädigung erhalten (z.B. für die Reparatur ihres Dienstwagens nach einem unverschuldeten Unfall), diese Entschädigung jedoch netto (d.h. ohne Mwst.) direkt an die Kfz-Werkstatt überwiesen wird und die Werkstatt Ihnen die Reparaturrechnung mit dem Vermerk „bitte zahlen Sie nur die Mehrwertsteuer" zusendet. Das ist kein Problem, erfordert beim Buchen allerdings ein klein wenig „Um-die-Ecke-denken".

Der andere Fall, also dass Sie die Reparaturrechnung zunächst komplett – inkl. Mwst. – selbst an die Werkstatt bezahlen und später das Geld von der Versicherung separat davon auf Ihrem Bankkonto eintrifft, ist ohnehin Standard: Werkstattrechnung wie üblich auf 4540 (6540) „Kfz-Reparaturen" (mit Steuerschlüssel) an Kreditor buchen und bezahlen; eintreffendes Versicherungsgeld auf Bank an 2742 (4970) „Versicherungsentschädigungen" buchen (dies ohne Steuerschlüssel, da diese Zahlung keine Mwst. enthält).

Aber kehren wir nun zum Problem „zahlen Sie nur die Mwst." zurück. Rein technisch gibt es zwei Möglichkeiten: eine einfache und eine richtige. Bei der einfachen Möglichkeit würden Sie lediglich „Abziehbare Vorsteuer" 1570 (1400) an Kreditor (die Werkstatt) buchen (falls Ihre Fibu-Software eine Offene-Posten-Buchung auf ein Aktivkonto überhaupt zulässt) und diese Rechnung wie üblich bezahlen – fertig. Damit würden Sie aber den Großteil des Vorgangs unter den Tisch fallen lassen, wodurch die Klarheit, Übersichtlichkeit und Nachvollziehbarkeit Ihrer Buchhaltung doch sehr leiden würde. Also wenden wir uns lieber der richtigen Möglichkeit zu:

- Zunächst buchen Sie die Werkstattrechnung ganz normal, also auf 4540 (6540) „Kfz-Reparaturen" (mit Steuerschlüssel) an Kreditor.

- Als nächstes buchen Sie eine Teilzahlung dieser Rechnung (je nach Fibu-Software direkt aus der Offenen-Posten-Liste oder per manueller Eingabe) mit dem Nettobetrag (den auch die Versicherung direkt an die Werkstatt überwiesen hat), also Kreditor (Werkstatt) an … ja, diesmal eben *nicht* Kasse oder Bank, sondern ein *Verrechnungskonto*. Ich nehme gewöhnlich „Geldtransit" 1360 (1460) dafür her; Sie können auch „Durchlaufende Posten" 1590 (1370) oder „Sonstige Verrechnung" 1792 (3630) verwenden – Hauptsache, Ihre Fibu-Software lässt die Verwendung dieses Kontos für die Zahlung von offenen Posten zu (dazu muss es in den Stammdaten i.d.R. als Bank- oder Kassenkonto definiert sein).

- Nun können Sie den Rest-Offenen-Posten (die verbleibende Mwst.) an die Werkstatt überweisen (möglicherweise sogar per integriertem Online-Banking in Ihrer Fibu-Software).

- Und schließlich buchen Sie noch die Versicherungsentschädigung (d.h. den Nettobetrag der Rechnung) auf „Verrechnungskonto an Versicherungsentschädigungen", also z.B. 1360 (1460) an 2742 (4970).

Nach der gesamten Operation müssen sowohl das Kreditorenkonto als auch das Verrechnungskonto wieder einen Saldo von 0 Euro haben, falls sonst keine weiteren Vorgänge darauf mehr offen sind.

Rein technisch könnten Sie im zweiten Schritt statt des Verrechnungskontos auch gleich das Versicherungsentschädigungskonto 2742 (4970) nehmen (und den vierten Schritt weglassen), aber üblicherweise weigern sich Fibu-Programme (zur Fehlervermeidung), Erlöskonten zusammen mit Kreditorenkonten zu verwenden – daher der Umweg über ein Verrechnungskonto.

Und noch ein weiterer Hinweis: Manche Steuerberater scheuen aus mir nicht nachvollziehbaren Gründen davor zurück, das Konto 2742 (4970) „Versicherungsentschädigungen" zu bebuchen und ziehen daher die Entschädigung direkt (ohne Mwst.) vom jeweiligen Kostenkonto ab (z.B. 4540 (6540) „Kfz-Reparaturen"). Steuerlich ist das einerlei (d.h. Ihr Gewinn ändert sich dadurch nicht, und man hat ein Konto weniger in der GuV, was die Übersichtlichkeit durchaus erhöht), aber meiner Meinung nach ist das mal wieder ein Verstoß gegen das Verrechnungsverbot aus § 246 Abs. 2 HGB („Aufwendungen [dürfen] nicht mit Erträgen [...] verrechnet werden"). Nun kann man darüber streiten, ob eine Versicherungsentschädigung ein „Ertrag" oder „Aufwendungsersatz" (also eine „Aufwendung", nur eben mit negativem Vorzeichen) ist. Aber nachdem es im SKR schließlich ein Extra-Konto dafür gibt, sollte man es meiner Meinung nach auch verwenden; das macht die Buchhaltung auch klarer und nachvollziehbarer (und in jedem Fall HGB-konform).

5.1.2.3 Geldtransit, Kasse und Schecks

Im letzten Abschnitt ist Ihnen bereits das „Geldtransit"-Konto 1360 (1460) begegnet. Dies wird immer dann verwendet, wenn Sie Geld von einer Stelle zu einer anderen bewegen (natürlich innerhalb Ihres Unternehmens), also z.B. von einem Ihrer Bankkonten zu einem anderen (auch Kreditkartenkonto, Festgeldkonto, Tagesgeldkonto usw.

usf.), von einem Bankkonto zur Kasse (oder umgekehrt) und derlei mehr.

Wenn Sie also bei Ihrer Bank z.B. 500 Euro für Ihre Portokasse abheben, buchen Sie nicht etwa „Kasse" 1000 (1600) an „Bank" 1200 (1800), sondern erst einmal (mit dem Buchungsdatum der Abhebung, da hier ja das Geld auch tatsächlich real in der Kasse landet) „Kasse" 1000 (1600) an „Geldtransit" 1360 (1460), und später, wenn Sie Ihren Bankkontoauszug haben, (mit dem Buchungsdatum auf dem Bankkonto) „Geldtransit" 1360 (1460) an „Bank" 1200 (1800). Nach Abschluss dieser Operation hat das Geldtransit-Konto dann wieder einen Saldo von 0 Euro.

Warum wird ein solcher Geldtransit in zwei separate Buchungen aufgespalten? Nun, erst einmal ist es übersichtlicher, und manche Fibu-Programme verwenden außerdem separate Buchungssitzungen je Bankkonto – welche davon wollten Sie denn verwenden, wenn Sie Geld von einem Konto zum anderen transferieren?

Der Hauptgrund ist jedoch, dass Sie für die beiden Buchungen unterschiedliche Buchungstage angeben können: Geld, das an einer Stelle abfließt, kommt nicht notwendigerweise noch am selben Tag an einer anderen Stelle an. Durch die beiden separaten Buchungen können Sie für jede einzelne Buchung das korrekte Datum auf der jeweiligen Seite angeben (und finden später eine Buchung auch schneller, wenn das Buchungsdatum stets mit Ihrem Bankkontoauszug übereinstimmt).

Falls Sie außerdem der Meinung sind, ein Tag hin oder her wäre nicht wichtig: Sie könnten ja z.B. noch an Silvester

Geld am Automaten abheben. Das ist folgerichtig in Ihrer Kasse, wird aber vom Bankkonto erst am 2.1. des Folgejahrs abgebucht (das ist der erste Bankarbeitstag, der Ihrer Abhebung folgt). In diesem Fall steht das Geldtransit-Konto in den Passiva in Ihrer Bilanz, da Sie noch eine Verbindlichkeit gegenüber Ihrer Bank haben. Ähnliches gilt für Überweisungen, die vom einen Konto im alten Jahr abgebucht werden, auf dem anderen Konto aber erst im neuen Jahr gutgeschrieben werden (in diesem Fall haben Sie eine Forderung gegenüber Ihrer Bank, und das Geldtransit-Konto steht in den Aktiva). Ohne Verwendung des Geldtransit-Kontos könnten Sie diese Situationen in Ihrem Jahresabschluss gar nicht korrekt darstellen.

Langer Rede kurzer Sinn: Die Verwendung des Geldtransit-Kontos für alle derartigen Transaktionen macht alles übersichtlicher, richtiger, einfacher – also benutzen Sie es!

Weil wir gerade öfters einmal Ihre Portokasse erwähnt haben: Achten Sie darauf, dass Ihr Kassenbestand in der Fibu *nie, nie, nie* negativ wird! (Viele Fibu-Programme lassen eine Buchung, die zu einem negativen Kassenstand führen würde, auch gar nicht erst zu.) Weniger Geld als „nichts" kann in einer Bargeldkasse physikalisch nicht sein (Schuldscheine zählen nicht), und falls ein Steuerprüfer in Ihrer Buchhaltung einen negativen Kassenstand entdeckt, wird er Ihr gesamtes Kassenbuch als „falsch" verbrennen – und im Gegenzug Millionen (zu versteuernde) Bargeldeinnahmen vermuten …

Zum Abschluss der „Geldbewegungen" noch ein paar Worte zu Schecks (falls diese noch nicht endgültig ausgestorben sind, wenn Sie dieses Buch lesen):

Generell (und unterm Jahr) wirkt eine Scheckbuchung auf Ihrem Bankkonto wie eine Bezahlung einer Rechnung per Überweisung (egal, ob Eingangs- oder Ausgangsrechnung; also ob einer Ihrer Schecks, den Sie einem Lieferanten geschickt haben, von Ihrem Konto abgebucht wird, oder ob ein Kundenscheck, den Sie bei Ihrer Bank eingereicht haben, Ihrem Konto gutgeschrieben wird). Hier müssen Sie also nichts besonderes beachten.

Wieder einmal gilt das *nicht* über den Jahreswechsel. Hier muss der offene Posten (wenn er bereits mit einem Scheck „bezahlt" wurde) über das Fibu-Konto „Schecks" 1330 (1550) „bezahlt" werden, und wenn später auf dem Bankkonto die zugehörige Buchung stattfindet, können Sie das Scheckkonto über „Geldtransit" wie oben beschrieben wieder ausgleichen. Das Scheck-Fibu-Konto erscheint in diesem Fall in Ihrer Bilanz (je nach Saldo in den Aktiva oder Passiva).

5.1.2.4 Vorläufige Abschreibung

Damit Ihre monatliche (bzw. quartalsweise) „Betriebswirtschaftliche Auswertung" (BWA) einigermaßen aussagekräftig ist, sollten unterjährig auch einige Buchungen durchgeführt werden, die man sonst eigentlich nur beim Jahresabschluss erledigt.

In erster Linie handelt es sich dabei um die *vorläufige Abschreibung*. (Die „endgültige" Abschreibung ist weiter unten im Kapitel über die Abschlussbuchungen erläutert.) Im Prinzip müssen Sie dazu (ungefähr) ermitteln, wie groß die Abschreibung (also der Wertverlust Ihrer Wirtschaftsgüter) am Jahresende sein wird (Ihre Fibu-Software sollte Ihnen die Höhe nennen können), diesen Betrag durch zwölf (Monate) teilen und jeden Monat dieses Zwölftel buchen (ich verwende dazu immer den 15. eines jeden Monats).

Das Sollkonto für diese Buchung ist 4993 (6976) „Kalkulatorische Abschreibungen", das Habenkonto 0992 (3950) „Abgrenzungen unterjährig pauschal gebuchter Abschreibungen für BWA".

Ohne diese Buchungen würde die Abschreibung in Ihrer BWA nicht berücksichtigt, so dass Sie darin stets zu viel Gewinn sehen würden (und beim Jahresabschluss das böse Erwachen käme – zumindest wenn Sie nennenswerte Abschreibungen *haben*).

Alles weitere hängt von Ihrer individuellen Situation ab. Regelmäßige Ausgaben wie Telefon, Energie, ggf. Miete etc. finden ja i.d.R. ohnehin meistens monatlich oder zumindest vierteljährlich statt, so dass hier keine größeren Überraschungen beim Jahresabschluss zu erwarten sind. Falls Sie einmal jährlich irgendeine größere Ausgabe haben, können Sie diese für eine „korrektere" BWA ggf. monatlich mit einem Zwölftel berücksichtigen (oder vierteljährlich mit einem Viertel o.ä.). Für derartige Buchungen können Sie einstweilen das jeweilige Kostenkonto und z.B. das Gegenkonto 0978 (3098) „Aufwandsrückstellungen" benutzen, aber vergessen Sie nicht, diese ganzen unterjährigen Buchungen beim Jahresabschluss (mit einer negativen Buchung in Höhe des angesammelten Saldos) wieder zu stornieren!

5.2 Abschlussbuchungen

Nun ist also der Zeitpunkt gekommen, an dem Sie Ihren Jahresabschluss machen können (bzw. müssen). Wenn Sie die unterjährigen Buchungen wie in den letzten Kapiteln beschrieben alle ordentlich und vollständig durchgeführt haben, ist der Jahresabschluss gar kein so großes Problem mehr.

In den folgenden Abschnitten erfahren Sie, wie Sie Ihre Fibu „abschlussbereit" machen können und worauf Sie dabei alles achten sollten.

5.2.1 Eigenkapital / Gewinnvortrag

Bevor Sie mit irgendetwas anderem anfangen, sollten Sie sicherstellen, dass Ihre „EB-Werte" (also die Kontensalden zu Beginn des Wirtschaftsjahrs) in Ordnung sind. Das sind sie dann, wenn die Summen der Kontenklasse 9 (also die Fibu-Konten 9000ff.) im Soll und Haben übereinstimmen. „Bestandskonten" (wie z.B. Ihr Bankkonto, oder auch die offenen Posten oder Ihre Sachanlagen etc.) übernimmt Ihre Fibu-Software i.d.R. automatisch aus dem Vorjahr; lediglich beim Übertrag des Jahresüberschusses müssen Sie vermutlich ein wenig nachhelfen (suchen Sie in Ihrer Fibu-Software nach einer Funktion namens „Saldenvorträge buchen" o.ä.). Wie das genau funktioniert, unterscheidet sich ein wenig je nach Rechtsform Ihres Unternehmens; einige Beispiele zeige ich in den nächsten Abschnitten.

5.2.1.1 Einzelunternehmer

Für das Eigenkapital von Einzelunternehmern wird gewöhnlich das Fibu-Konto 0880 (2010) „Variables Kapital" verwendet. Wie der Name schon sagt, gibt es hier kein festes „Stammkapital" o.ä. – der Gewinn des Vorjahrs wird einfach zum „variablen Kapital" des Vorjahrs addiert und als Saldovortrag im neuen Jahr gebucht. Diesen Arbeitsschritt müssen Sie in den meisten Fibu-Programmen manuell durchführen. Das Konto „Variables Kapital" wird im Haben bebucht (außer Ihr Eigenkapital wäre zufällig negativ); das Gegenkonto dazu ist stets das Konto 9000 (aber *das* erledigt Ihre Fibu-Software i.d.R. automatisch).

5.2.1.2 Gesellschaft bürgerlichen Rechts

Hier gilt im wesentlichen das gleiche wie bei Einzelunternehmern, nur mit dem Unterschied, das jeder Gesellschafter sein eigenes Kapitalkonto hat (auf das auch sein Gewinnanteil gebucht wird). Für den Saldovortrag im laufenden Jahr verwenden Sie also nicht „0880 (2010) plus Vorjahresgewinn", sondern (z.B.) „0881 (2011) plus Anteil am Vorjahresgewinn" für den 1. Gesellschafter, „0882 (2012) plus Anteil am Vorjahresgewinn" für den 2. Gesellschafter usw.

5.2.1.3 Kapitalgesellschaft (GmbH, UG, Ltd.)

In diesem Fall gibt es ein (festes) „Stammkapital", das i.d.R. auf dem Fibu-Konto 0800 (2900) „Gezeichnetes Kapitel" (im Haben) steht (z.B. 25.000 Euro bei einer GmbH). Jeglicher vorgetragener Gewinn aus den Vorjahren wird

i.d.R. auf das Saldovortragskonto 0860 (2970) „Gewinnvortrag vor Verwendung" gebucht, ein Verlust auf 0868
(2978) „Verlustvortrag vor Verwendung".

Gerade bei Kapitalgesellschaften gibt es allerdings zahlreiche Möglichkeiten, wie man einen Gewinn „verwendet"
(Vortrag auf neue Rechnung, Ausschüttung an Gesellschafter, Einstellung in Rücklage ...); entsprechend gibt es
auch zahlreiche Fibu-Konten dafür. Wenn Sie im SKR kein
passendes Konto für Ihren individuellen Fall finden
und/oder generell unsicher über die korrekte „Verwendung" Ihres Gewinns sind, fragen Sie vorsichtshalber Ihren
Steuerberater.

5.2.2 Umsatzsteuer

Wie bereits mehrfach erwähnt spielt die Umsatzsteuer
beim Jahresabschluss *für den Gewinn* keinerlei Rolle. Da
die Umsatzsteuer für ein bestimmtes Wirtschaftsjahr zum
Zeitpunkt dessen Jahresabschlusses jedoch normalerweise noch nicht vollständig abgeschlossen ist (z.B. die Vorauszahlung für Dezember zahlen Sie ja i.d.R. erst im Januar oder gar Februar des Folgejahrs etc.), gibt es in der
Bilanz noch diesen und jenen Umsatzsteuer-Posten bei
den Aktiva und/oder Passiva. Was Sie beim Jahresabschluss bezüglich der Umsatzsteuer beachten müssen,
finden Sie in den folgenden Abschnitten.

5.2.2.1 Vollständigkeit der Vorauszahlungen

Bevor Sie irgendetwas anderes tun, müssen Sie prüfen,
ob Sie alle zwölf (bzw. vier bei quartalsweiser Abgabe)

Umsatzsteuer-Voranmeldungen auf das Konto 1780 (3820) gebucht haben. Diejenigen Voranmeldungen, für die Sie tatsächlich im laufenden Jahr etwas an das Finanzamt bezahlt haben (oder vom Finanzamt erstattet bekommen haben), haben Sie natürlich bereits unterjährig gebucht. Aber da für die Dezember- (und ggf. November-) Voranmeldung das Geld normalerweise erst im Folgejahr fließt, müssen Sie für „unbezahlte" Voranmeldungen noch jeweils eine Forderung oder Verbindlichkeit einbuchen:

- Müssen Sie für eine Voranmeldung Geld ans Finanzamt zahlen, buchen Sie diese auf 1780 (3820) an 1737 (3701).

- Erhalten Sie für eine Voranmeldung Geld vom Finanzamt zurück, buchen Sie diese auf 1545 (1420) an 1780 (3820).

Als Buchungsdatum können Sie den 31.12. nehmen (vielleicht haben Sie auch eine separate „Sitzung" oder einen separaten „Stapel" in Ihrer Fibu-Software, wo Sie diese ganzen Umsatzsteuer- und/oder Jahresabschlussbuchungen der Übersichtlichkeit halber abseits Ihres Tagesgeschäfts buchen können).

Bei der Gelegenheit: Derartige monatliche Buchungen – für die ja keine eigentliche „Rechnung" existiert – versehe ich gerne mit der Belegnummer „JJJJMM" (also ein vierstelliges Jahr und ein zweistelliger Monat, z.B. „201503" für die Umsatzsteuer-Voranmeldung März 2015). Für Quartale nehme ich – analog zu den Steueranmeldeformularen – die Monate „41" bis „44", also z.B. „201541" für das erste Quartal 2015 (was man auch gut bei den vierteljährlichen Einkommensteuer-Vorauszahlungen benutzen kann).

Im Folgejahr, wenn die zugehörige Vorauszahlung auf dem Bankkonto gut- bzw. lastgebucht wird, wird die Bankbuchung dann gegen das obige Fibu-Konto gebucht, also 1545 (1420) bei Erstattungen bzw. 1737 (3701) bei Zahlungen, woraufhin diese Konten schließlich wieder einen Saldo von 0 Euro haben.

(Anmerkung: Es gibt Steuerberater, die offenbar panische Angst vor dem Konto 1737 (3701) haben und alles, was Sie darauf gebucht haben, beim Jahresabschluss auf 1736 (3700) umbuchen. Warum, weiß der Himmel – nehmen Sie es einfach hin, fragen Sie nicht, und buchen Sie dann eben auch die zugehörige Zahlung im Folgejahr dorthin.)

Falls Sie bei monatlicher Abgabe der Voranmeldungen eine Sondervorauszahlung (1/11 des Vorjahresbetrags) geleistet haben, prüfen Sie, ob auch diese korrekt auf Konto 1781 (3830) gebucht ist.

Am Schluss sollten Sie auf dem Vorauszahlungskonto 1780 (3820) zwölf Buchungen mit den zugehörigen Vorauszahlungen stehen haben (je nach Zahlung oder Erstattung im Soll oder Haben). Die Summe der Salden der Konten 1780 (3820) und 1781 (3830) muss die insgesamt geleistete Vorauszahlung für dieses Jahr ergeben (unabhängig davon, ob der tatsächliche Geldfluss für einen Teil der Vorauszahlungen möglicherweise erst im Folgejahr stattfindet).

Falls Sie eine Voranmeldung korrigiert haben sollten, muss natürlich der korrigierte Betrag auf dem Fibu-Konto stehen (d.h. entweder Sie stornieren die Buchung mit der ursprünglichen Anmeldung und buchen die korrekte Anmeldung neu, oder Sie buchen nur die Differenz nach).

5.2.2.2 Umsatzsteuererklärung

Jetzt wäre ein guter Zeitpunkt, die Umsatzsteuererklärung zu erstellen (und ggf. eine Umsatzsteuerverprobung, eine Art „Plausi-Check", zu machen). Falls Ihre Fibu-Software selbst die Umsatzsteuererklärung erstellen kann, verwenden Sie sie natürlich dazu; ansonsten müssen Sie Ihre Umsatz- und Vorsteuerkonten in Ihr externes Programm oder Formular eintragen und ggf. aufsummieren. In diesem Fall gehen Sie am besten wie folgt vor:

- Summieren Sie Ihre steuerpflichtigen Umsätze in den jeweiligen Feldern, z.B. „Erlöse 19% USt" 8400ff. (4400ff.), ggf. „Erlöse 7% USt" 8300ff. (4300ff.), aber auch „Innergemeinschaftliche Erwerbe 19% USt" 3425 (5425) oder „Leistungen ausländischer Unternehmer" 3123/3125 (5923/5925) etc. in der Anlage UR;

- Ermitteln Sie die darauf entfallende Steuer, entweder programmgesteuert oder manuell;

- Tragen Sie die Salden der diversen Vorsteuerkonten 15xx (14xx) in die entsprechenden Felder ein;

- Ermitteln Sie die zu entrichtende Umsatzsteuer, indem Sie die Vorsteuersumme von der Umsatzsteuersumme abziehen;

- Ziehen Sie davon die Summe der Vorauszahlungen ab, um den verbleibenden Betrag zu errechnen.

Wenn Sie nach der Abgabe der letzten Voranmeldung keine umsatzsteuerrelevanten Buchungen mehr gemacht haben, sollten Sie nun einen Betrag von weniger als (plus minus) einen Euro erhalten (ganz 0 ist dieser Betrag so gut wie nie, da Sie bei den Umsätzen ja nur volle Euro-Beträge eintragen und die Steuer daher immer ein paar Cent weniger als in Ihrer Buchhaltung ist). Ein Betrag von weniger als einem Euro wird vom Finanzamt weder erhoben noch erstattet, so dass dieses Ergebnis in der Buchhaltung und im Jahresabschluss keine weitere Rolle spielt.

Sollten Sie an dieser Stelle einen größeren Betrag errechnen, haben Sie irgendwo ein Umsatz- oder Steuerkonto vergessen. Prüfen Sie nochmals Ihre Umsatzkonten 8xxx (4xxx) und die darauf entfallenden Umsatzsteuer- 17xx (38xx) und Vorsteuerkonten 15xx (14xx). Gerne vergessen werden hier auch die umsatzsteuerrelevanten Forderungsverluste 24xx (628x).

Falls Sie jedoch nach der Abgabe der letzten Voranmeldung noch weitere umsatzsteuerrelevante Buchungen gemacht haben (z.B. eine vergessene Ausgangsrechnung nachgebucht, oder eine Forderung wegen Insolvenz des Kunden ausgebucht), könnte hier beispielsweise eine Nachzahlung von 14,79 Euro oder eine Erstattung von 33,21 Euro herauskommen. Diese Beträge buchen Sie ähnlich wie die im letzten Abschnitt beschriebenen „jahresübergreifenden" Vorauszahlungen; statt des Vorauszahlungskontos 1780 (3820) verwenden Sie hier jedoch das Konto „Durchlaufende Posten" 1590 (1370), also:

- Ergibt die Umsatzsteuererklärung eine Nachzahlung, buchen Sie diese auf 1590 (1370) an 1737 (3701).

- Ergibt die Umsatzsteuererklärung eine Erstattung, buchen Sie diese auf 1545 (1420) an 1590 (1370).

Als Buchungsdatum können Sie wiederum den 31.12. nehmen (Belegnummer z.B. „201400" für das Jahr 2014, Buchungstext z.B. „Umsatzsteuererklärung"). Das Konto „Durchlaufende Posten" muss in der Bilanz wieder einen Saldo von 0 Euro haben (d.h. gar nicht erscheinen); wie Sie das nun hinbekommen, steht im nächsten Abschnitt.

Vergessen Sie auch nicht, auf der Rückseite der Anlage UR – falls zutreffend – Ihre steuerfreien bzw. nicht steuerbaren Umsätze einzutragen (z.B. Innergemeinschaftliche oder Ausfuhrlieferungen, insbesondere aber auch die „Sonstigen Leistungen", getrennt nach EU-Leistungen mit USt-ID-Nummer des Kunden und anderen Umsätzen, bei denen die Umsatzsteuer im Ausland anfällt). Diese Beträge spielen zwar für die zu entrichtende Umsatzsteuer keine Rolle, ermöglichen dem Finanzamt aber einen „Plausi-Check" Ihrer Umsätze.

5.2.2.3 Verrechnung

Ohne Verrechnung der Umsatzsteuerkonten hätten Sie in Ihrer Bilanz zahlreiche automatische Sammelkonten mit Umsatzsteuer stehen (z.B. „Umsatzsteuer 19%", „Abziehbare Vorsteuer 19%", „Abziehbare Vorsteuer 7%", „Umsatzsteuer 19% aus Innergemeinschaftlichem Erwerb", „Umsatzsteuer-Vorauszahlungen", „Umsatzsteuer-Vorauszahlung 1/11" und derlei mehr). Es gibt Unternehmer (bzw. deren Steuerberater), die diese vielen Konten tatsächlich in der Bilanz so stehen lassen, aber weil es Aktiv- bzw. Passivkonten sind, würden diese von Ihrer Fibu-Software möglicherweise automatisch ins Folgejahr übernommen, so dass Sie dies manuell verhindern müssten – und überhaupt sind so viele Umsatzsteuerkonten in der Bilanz nicht gerade sehr lesbar (und nützlich bzw. irgendwie aussagekräftig erst recht nicht).

Man geht also i.d.R. her und bucht für den Jahresabschluss alle Umsatzsteuerkonten auf ein Verrechnungskonto um (z.B. 1590 (1370) „Durchlaufende Posten"), so dass weder auf den Umsatz- und Vorsteuerkonten noch auf dem Verrechnungskonto etwas übrig bleibt. Im Idealfall hat danach auch das Verrechnungskonto exakt den Saldo 0 Euro; oft bleiben einige Cent Rundungsdifferenzen übrig (siehe auch nächster Abschnitt). Ein Restbetrag von mehr als einem Euro sollte bei Ihnen die Alarmglocken schrillen lassen – dann haben Sie irgendetwas vergessen zu buchen. Erstellen Sie am besten eine Summen- und Saldenliste und prüfen Sie, ob die Umsatz- 17xx (38xx) und Vorsteuerkonten 15xx (14xx) wirklich alle einen Saldo von 0 Euro aufweisen; meist wurde irgendein „exotisches" Umsatzsteuerkonto vergessen (z.B. aus einer Innergemeinschaftlichen Lieferung, oder auch die Einfuhrumsatzsteuer).

Gegen das vielzitierte Verrechnungsverbot aus § 246 Abs. 2 HGB verstößt diese Verrechnung übrigens nicht, da unterjährig ohnehin „alles Umsatzsteuer" ist und in Ihrer Bilanz sehr wohl gleichzeitig „unverrechnete" Umsatzsteuer-Forderungen und -Verbindlichkeiten stehen können und müssen (das ist sogar die Regel bei Dauerfristverlängerung, siehe Kapitel über die Umsatzsteuer: In diesem Fall steht in Ihrer Bilanz meist eine Umsatzsteuerverbindlichkeit aus der Voranmeldung für November und gleichzeitig eine Umsatzsteuerforderung aus der Voranmeldung für Dezember. *Diese* Posten dürfen Sie *nicht* miteinander verrechnen).

An diesem Punkt sollte Ihre Summen- und Saldenliste nun wie folgt aussehen:

- Die automatischen Umsatz- 17xx (38xx) und Vorsteuerkonten 15xx (14xx) weisen einen Saldo von 0 Euro auf;

- Auf dem Konto 1737 (3701) stehen Umsatzsteuernachzahlungen, die Sie aufgrund von Voranmeldungen und/oder der Umsatzsteuererklärung im Folgejahr noch leisten müssen;

- Auf dem Konto 1545 (1420) stehen Umsatzsteuererstattungen, die Sie aufgrund von Voranmeldungen und/oder der Umsatzsteuererklärung im Folgejahr noch erhalten werden;

- Auf dem Verrechnungskonto 1590 (1370) verbleibt ein Saldo zwischen 0 und 1 Euro.

5.2.2.4 Rundungsdifferenzen

Wenn Ihre Voranmeldungen vollständig waren, d.h. Sie nach der Abgabe (und Buchung) der letzten Voranmeldung keinerlei umsatzsteuerrelevante Buchungen mehr durchgeführt haben, sollte auf dem Verrechnungskonto 1590 (1370) nun tatsächlich ein Saldo von exakt 0 Euro herauskommen. In der Umsatzsteuererklärung selbst werden in diesem Fall, wie im letzten Abschnitt beschrieben, immer einige Cent (plus oder minus) übrig bleiben, aber da diese vom Finanzamt weder erhoben noch erstattet werden, spielen diese buchhalterisch keinerlei Rolle.

Haben Sie nach der letzten Voranmeldung dagegen noch weitere umsatzsteuerrelevante Buchungen durchgeführt (und die zugehörige Voranmeldung vor dem Jahresabschluss nicht mehr korrigiert), kommt durch die Umsatzsteuererklärung eine tatsächliche Nachzahlung oder Erstattung heraus, und auf dem Verrechnungskonto 1590 (1370) bleiben stets ein paar Cent (plus oder minus) übrig.

Da das Verrechnungskonto in der Bilanz nicht erscheinen darf, müssen Sie diese paar Cent (je nach Vorzeichen) entweder auf „Sonstige Erträge" 2700 (4830) oder auf „Sonstige Aufwendungen" 2300 (6300) umbuchen.

Zu diesen Buchungen siehe auch Abschnitt „Sonstiges" weiter unten in diesem Kapitel.

5.2.3 Rechnungsabgrenzung

Wie bereits eingangs erwähnt berechnet sich der Gewinn nach dem *Leistungszeitpunkt* (und nicht nach dem Rechnungs- oder gar Zahlungszeitpunkt). Rechnungen im „falschen" Zeitraum müssen Sie also geeignet (ggf. anteilig) „verschieben", damit ein korrektes Ergebnis herauskommt.

Wie das genau funktioniert, wurde bereits weiter oben im Kapitel über die laufenden Buchungen ausführlich geschildert. Falls Sie es dort noch nicht gemacht haben, müssen Sie es spätestens jetzt, also beim Jahresabschluss, nachholen. Hoffentlich wissen Sie in diesem Fall noch, welche Buchungen das betrifft …

Wenn Sie die Rechnungsabgrenzung, wie vorgeschlagen, bereits unterjährig gebucht haben, genügt beim Jahresabschluss ein kurzer Plausi-Check; insbesondere sollten Sie im letzten Jahr Ihrer Fibu nachsehen, ob die Abgrenzungskonten 0980 (1900) und 0990 (3900) dort wieder einen Saldo von 0 Euro aufweisen, sonst haben sie irgendeine Buchung vergessen.

Es macht sich auch gut in der Bilanz, wenn die Abgrenzungskonten (kurz) erläutert werden (z.B. „Software-Wartungsverträge, Anteil Folgejahr" o.ä.).

5.2.4 Warenbestand

Als nächsten Schritt sollten Sie nun Ihren Warenbestand untersuchen – d.h. „Inventur machen". Es geht dabei nur um Handelswaren, also Dinge, die Sie zum Zweck des Weiterverkaufs eingekauft und z.B. auf das Fibu-Konto 3400 (5400) gebucht haben. (Bei reinen Dienstleistungsunternehmen ohne jeglichen Warenhandel ist der Warenbestand i.d.R. stets 0 Euro, und Sie können diesen Abschnitt – und die Inventur – getrost überspringen.)

Ihr Warenbestand muss – normalerweise mit dem Einkaufspreis – in der Bilanz (netto, also ohne Mwst.) auf dem Fibu-Konto „Warenbestand" 3980 (1140) stehen. Bei der Bebuchung dieses Kontos wird stets das Gegenkonto „Bestandsveränderungen" 3960 (5881) genommen (und grundsätzlich alles netto, also ohne Steuerschlüssel, gebucht). Ich gehe dabei wie folgt vor (habe allerdings nie besonders viele Waren auf Lager):

- Falls auf dem Bestandskonto 3980 (1140) noch ein Wert aus dem Vorjahr steht, entfernen Sie diesen mit einer Buchung 3960 (5881) an 3980 (1140), so dass das Bestandskonto 3980 (1140) erst einmal einen Saldo von 0 Euro hat (d.h. Ihr Warenlager buchhalterisch quasi „leer" ist).

- Nun buchen Sie auf das Bestandskonto 3980 (1140) der Reihe nach alle Waren, die sich tatsächlich noch in Ihrem Lager befinden, zum (Netto-)Einkaufspreis wieder darauf, also stets mit Buchungen „3980 (1140) an 3960 (5881)". Im Buchungstext geben Sie dabei auf jeden Fall die Bezeichnung der Handelsware an, z.B. „10 Laptops IBM 3801 XL", evtl. noch mit dem Namen des Händlers, wo Sie die Ware eingekauft haben.

Als Anhaltspunkt für den damaligen Anschaffungspreis können Sie z.B. einen Ausdruck des Kontenblatts 3400 (5400) verwenden.

Dieses Verfahren eignet sich natürlich nur, wenn Sie „hauptberuflich" Dienstleister sind und Ihren Kunden vielleicht gelegentlich einmal einen Computer verkaufen. Aber wenn Sie Ebay-Händler sind und Millionen Kleinartikel verkaufen, haben Sie sicher ohnehin ein perfektes Warenwirtschaftssystem (das natürlich auch aus einer simplen Excel-Tabelle mit den Zu- und Abgängen bestehen kann), wissen Sie den Wert Ihres Lagerbestands ohnehin zu jedem beliebigen Zeitpunkt und können diesen auch in einer einzigen Buchung auf das Bestandskonto 3980 (1140) buchen, müssen dadurch Ihre „Warenbestands-Auswertung" (also wie sich der „Lagerbetrag" zusammensetzt) aber zehn Jahre lang aufbewahren, da dieser Beleg dann Bestandteil Ihrer Buchhaltung wird.

Am Ende sollte auf Konto 3980 (1140) Ihr Warenbestand (in der Sollspalte) stehen (dieses Konto wird in der Bilanz in den Aktiva ausgewiesen), und das Konto 3960 (5881) finden Sie in Ihrer GuV unter der Bezeichnung „Bestandsveränderungen" (denn hier kann sowohl ein positiver als auch negativer Betrag stehen – je nachdem, ob Ihr Lagerbestand seit dem vorigen Jahresabschluss größer oder kleiner geworden ist).

5.2.5 Abschreibung

Wenn Sie bisher bereits eine EÜR gemacht haben, ändert sich bezüglich der Abschreibung selbst eigentlich gar nichts. Falls Sie Anfänger sind, finden Sie in den folgenden Abschnitten zunächst eine umgangssprachliche Kurzbeschreibung, wie „Abschreibung" überhaupt funktioniert.

5.2.5.1 Grundsätzlicher Mechanismus

Wirtschaftsgüter, die Sie selbst benutzen (also keine Handelsware!), deren Anschaffungspreis über bestimmten Grenzen liegt, können Sie nicht (komplett) sofort als Betriebsausgabe „absetzen", sondern müssen den Kaufpreis auf mehrere Jahre verteilen – und zwar monatsgenau! Wenn Sie also einen neuen EDV-Server für (netto) 5.400 Euro kaufen, müssen Sie diesen auf 36 Monate „abschreiben". Der Mechanismus funktioniert so, dass Sie das Wirtschaftsgut zum Zeitpunkt des Kaufs auf ein Fibu-Konto der Klasse 0 buchen, z.B. „Betriebsausstattung" 0400 (0630) an Kreditor 71901 (inkl. Steuerschlüssel; die Mwst. fließt nicht in die mehrjährige Abschreibung mit ein). Dies wirkt sich zunächst nicht auf Ihren Gewinn aus (sondern ist ein sogenannter „Aktivtausch": Das Bargeld auf Ihrem Bankkonto, das in der Bilanz in den Aktiva ausgewiesen wird, tauschen Sie gegen einen Server, der in der Bilanz ebenfalls bei den Aktiva – nämlich bei den „Sachanlagen" – ausgewiesen wird; das ändert erst einmal nichts an Ihrem Vermögen und damit auch nicht an Ihrem Gewinn). Die Anschaffungskosten für das Wirtschaftsgut „erzeugen" Sie einzig und allein durch die zugehörigen Abschreibungsbuchungen im Lauf der folgenden Jahre.

Die Abschreibungsdauer hängt von der Art des jeweiligen Wirtschaftsguts ab (und ändert sich auch immer wieder einmal, so dass ich hier keine allgemeingültige Abschreibungstabelle angeben kann. Suchen Sie auf der Website des Bundesfinanzministeriums nach „AfA" – „Absetzung für Abnutzung", ein anderer Begriff für Abschreibung). Für EDV-Hardware betrug die Dauer zum Zeitpunkt der Entstehung dieses Buches 3 Jahre, für Büromöbel 13 Jahre, für Telefonanlagen 10 Jahre usw. usf.

Im obigen Beispiel (EDV-Server für 5.400 Euro auf 36 Monate, angeschafft im Dezember 2014) hätten Sie also folgende Abschreibungsbuchungen:

- im Jahr 2014: 150 Euro (1/36, nur Dezember)

- im Jahr 2015: 1.800 Euro (12/36, ganzes Jahr)

- im Jahr 2016: 1.800 Euro (12/36, ganzes Jahr)

- im Jahr 2017: 1.650 Euro (11/36, bis November)

Dies sind die tatsächlich steuerlich wirksamen Betriebsausgaben in jedem Jahr. (In der Praxis bucht man im letzten Jahr 1 Euro weniger Abschreibung, hier also nur 1.649 Euro, und lässt das Wirtschaftsgut mit einem Restwert von 1 Euro so lange im Inventarverzeichnis stehen, bis es entweder verkauft oder verschrottet wird.)

Apropos Inventarverzeichnis: Ich hoffe, Sie haben eines! Sie können das natürlich auch mit einer selbstgebastelten Excel-Tabelle machen, aber normalerweise sollte Ihre Fibu-Software eine entsprechende Funktion bieten, oder Sie nehmen eines dieser Steuerprogramme der 29,95 Euro-Klasse, bei denen die Abschreibungsfunktion theoretisch zwar nur für die mitgelieferte EÜR gedacht ist, aber Sie können die Abschreibungssummen aus Ihrer damit erzeugten Inventartabelle schließlich einfach in Ihre Fibu-Software abtippen – das sind ja nur ein paar wenige Buchungen.

Abschließend noch ein Hinweis zu Erweiterungen (und der „selbstständigen Nutzbarkeit"):

Ein Wirtschaftsgut in Ihrer Inventartabelle muss „selbstständig nutzbar" sein. Wenn Sie also Ihren Server selber zusammenbasteln, müssen Sie die Rechnungen für Mainboard, Gehäuse, Grafikkarte, Speicherriegel, Festplatten usw. zu einem Gesamtpreis addieren (weil die Einzelteile eben *nicht* „selbstständig nutzbar" sind). Die Abschreibung beginnt in diesem Fall ab dem Monat der Inbetriebnahme des Gesamtsystems (normalerweise also im Monat der letzten „Einzelteil-Rechnung").

Wenn Sie irgendwann später (also *nach* der Inbetriebnahme und Beginn der Abschreibung) ein Teil dazukaufen (z.B. eine Speichererweiterung oder eine zusätzliche Festplatte), wird die Rechnung dafür dem Anschaffungspreis zugeschlagen und die (dadurch nun erhöhte) Abschreibung bis zum ursprünglichen Ende fortgeführt. Sollten Sie im umgekehrten Fall ein Teil ausbauen, könnten Sie theoretisch den Anschaffungspreis reduzieren und mit einer geringeren Abschreibung weiterarbeiten. In der (meiner) Praxis kommt dieser Fall jedoch so gut wie nie vor …

… denn wenn Speicher oder eine Festplatte defekt wird, wird das defekte Teil i.d.R. durch ein neues ausgetauscht, und das ist weder Zu- noch Abgang zum bzw. vom Wirtschaftsgut, sondern eine simple Reparatur, die einfach mit dem Rechnungsbetrag des Ersatzteils (und ggf. Einbau, also Arbeitszeit, falls Sie nicht selber Hand anlegen), auf das Reparaturkonto 4805 (6470) gebucht wird – das ändert also nichts am Wert des Wirtschaftsguts (und auch nicht an der Abschreibung).

Auch wenn sich das alles jetzt etwas kompliziert anhört: Ihre Fibu-Software (oder notfalls eines der erwähnten 29,95 Euro-Programme) hat Funktionen für die Abschreibung (inkl. Zu- und Abgänge) eingebaut. Geben Sie einfach die betreffenden Rechnungen ein (Datum, Betrag, Abschreibungsdauer etc.), und die Software erstellt Ihnen postwendend die Abschreibungstabelle. Falls Sie ein separates Programm verwenden, brauchen Sie nur die Endsummen der Abschreibung, nach Konten getrennt, in Ihre Buchhaltung übernehmen (siehe Abschnitt „Buchungen" weiter unten).

5.2.5.2 Geringwertige Wirtschaftsgüter

Damit man das ganze oben beschriebene, ja doch recht komplizierte Verfahren nicht für „dreifuffzich"-Wirtschaftsgüter durchlaufen muss, gibt es zwei mögliche Vereinfachungen für „billige" Anschaffungen (sogenannte „geringwertige Wirtschaftsgüter", abgekürzt „GWG"). Sie können für jedes Wirtschaftsjahr (nicht Wirtschaftsgut!) neu entscheiden, welches der beiden Verfahren Sie anwenden, müssen das Verfahren dann in diesem Wirtschaftsjahr aber einheitlich auf alle Wirtschaftsgüter anwenden:

- Entweder Sie definieren Wirtschaftsgüter bis 410 Euro (netto) Anschaffungspreis als GWG und buchen den gesamten Anschaffungspreis im Anschaffungsjahr auf das Konto „Sofortabschreibung GWG" 4855 (6260).

- Oder Sie definieren Wirtschaftsgüter zwischen 150,01 Euro und 1.000,00 Euro als GWG und tei-

92

len den gesamten Anschaffungspreis aller dieser Wirtschaftsgüter dieses Jahres auf fünf Jahre auf (also *nicht* monatsweise wie bei den „großen" Anschaffungen), d.h. 20% werden jedes Jahr als Abschreibung auf das Konto 4862 (6264) gebucht (nennt sich dann „Sammelposten" oder „Pool").

Da man i.d.R. an möglichst kurzen Abschreibungsfristen interessiert ist (um Betriebsausgaben zu „erzeugen"), ist die Wahl hauptsächlich ein Rechenexempel: Wenn Sie einen Computer für 800 Euro kaufen, sollten Sie die „410-Euro-Regel" auswählen, dann ist der Computer kein GWG mehr und muss nur auf drei (statt fünf) Jahre abgeschrieben werden. Handelt es sich dagegen um ein Büroregal für 800 Euro, empfiehlt sich die „1000-Euro-Regel", da das Regal dann ein GWG mit „nur" fünf Jahren Abschreibungsdauer ist (statt wie sonst bei Büromöbeln dreizehn Jahre).

5.2.5.3 Buchungen

Zunächst müssen Sie, wenn Sie die unterjährige vorläufige Abschreibung gebucht haben (wie ich Ihnen im Kapitel über die BWA empfohlen habe), diese wieder rückgängig machen. Sehen Sie nach, welcher Betrag auf dem betreffenden Konto 4993 (6976) steht, und buchen Sie diesen Betrag mit negativem Vorzeichen wieder aus – das Gegenkonto ist wieder 0992 (3950). Nachdem auf beiden Konten nur diese vorläufige Abschreibung gebucht wurde, sollte auf beiden jetzt wieder ein Nullsaldo stehen.

Danach gehen Sie jedes Anlagekonto durch (also die „0"-Klasse) und buchen von jedem den in Ihrer Abschreibungstabelle ausgewiesenen Betrag herunter (falls Ihre Fi-bu-Software die Tabelle selbst erzeugt hat, kann sie vermutlich auch die passenden Buchungen selbst durchführen; ansonsten geben Sie die Beträge von Hand ein). Die Buchungen lauten „Abschreibungsaufwand" (Soll) an „Anlagenkonto" (Haben), für Geschäftsausstattung also z.B. 4830 (6220) an 0410 (0635). Stellen Sie sicher, dass diese Buchungen *ohne* Mwst.-Automatik durchgeführt werden!

Für den Abschreibungsaufwand gibt es außer dem oben erwähnten Konto 4830 (6220) noch zahlreiche weitere „spezialisierte" Konten, z.B. 4822 (6200) für Software, 4855 (6260) für die „410-Euro-GWG", 4862 (6264) für die „1000-Euro-GWG" und etliche mehr. Suchen Sie sich das am besten passende aus dem Kontenrahmen heraus.

Nach den ganzen Abschreibungsbuchungen sollten die Sachanlagekonten (Klasse 0) die Restwerte Ihrer Wirtschaftsgüter am Ende des Wirtschaftsjahrs widerspiegeln, und die Summe der Abschreibungskonten 48xx (62xx) sollte der Summe der Abschreibungen aus Ihrer Tabelle entsprechen (wieder einmal eine Kontrollmöglichkeit!).

5.2.5.4 Wegfall von Wirtschaftsgütern

Gelegentlich kommt es vor, dass Sie ein Wirtschaftsgut loswerden – sei es durch Verkauf oder durch Entsorgung.

In beiden Fällen ändert sich der Wert dieses Wirtschaftsguts auf 0 Euro, d.h. Sie müssen den Restwert anhand der Abschreibungstabelle bestimmen (ggf. monatsgenau – aber das übernimmt Ihre „Abschreibungs-Software") und diesen Betrag über das Konto „Anlagenabgänge bei Buchverlust" 2310 (6895) ausbuchen (natürlich wieder ohne Mwst.) – Gegenkonto (im Haben) ist das entsprechende Anlagekonto, auf das das Wirtschaftsgut bei der Anschaffung gebucht wurde, z.B. „Geschäftsausstattung" 0410 (0635).

Wenn Sie das Wirtschaftsgut entsorgt haben, ist damit auch schon alles erledigt. Dokumentieren Sie die Entsorgung (wie, wann, warum, wohin …), damit niemand auf die Idee kommt, Sie hätten es „schwarz" verkauft.

Falls Sie tatsächlich noch ein paar Euro dafür bekommen haben (Nettobetrag *weniger* als der Restwert), buchen Sie diesen Betrag (jetzt inkl. Mwst.!) auf das Konto „Erlöse aus Verkäufen Sachanlagevermögen 19% USt bei Buchverlust" 8801 (6885) – im Haben; als Sollkonto können Sie entweder den betreffenden Debitor nehmen (falls es sich ohnehin um einen Ihrer Kunden handelt) oder ggf. auch gleich Bank oder Kasse.

Sollten Sie beim Verkauf *mehr* einnehmen als das Wirtschaftsgut gemäß Ihrer Abschreibungstabelle noch wert war, funktioniert das ganze im Prinzip genauso; man nimmt jedoch andere Konten:

- bei der Ausbuchung aus der Inventartabelle nicht 2310 (6895), sondern 2315 (4855)

- beim Verkauf nicht 8801 (6885), sondern 8820 (4845)

Im ersten Fall haben Sie unterm Strich Verlust gemacht, im zweiten Fall Gewinn. Wenn Ihre Fibu-Software gut ist, sortiert sie die entstehende Differenz (aus Restwert und

Verkaufserlös) an die passende Stelle in Ihrer GuV (je nach Fall bei den Kosten oder den Erlösen), ansonsten müssen Sie (über die Kontenzuordnung) etwas nachhelfen.

5.2.6 Nicht abziehbare Bewirtungskosten

Falls Sie Geschäftsfreunde zum Essen im Restaurant eingeladen und die Kosten dafür auf 4650 (6640) gebucht haben, müssen Sie den nichtabziehbaren Anteil in Höhe von 30% (netto, also ohne Mwst.) auf ein anderes Konto umbuchen. Ich habe schon Steuerberater gesehen, die diesen Anteil vom (leeren) Konto 4654 (6644) auf das (ebenso leere) Konto 4655 (6645) umgebucht haben – das kann man natürlich machen (die Teilbeträge sind dann nachvollziehbar), aber ich finde das dennoch etwas seltsam und unnötig und buche am Jahresende die 30% einfach direkt von 4650 (6640) auf 4654 (6644) um und fertig. Sie müssen in diesem Fall lediglich daran denken, dass sich die „100% Bewirtungskosten" (die Sie z.B. für die eBilanz brauchen – siehe dort) aus der *Summe* der Konten 4650 (6640) und 4654 (6644) ergeben (denn auf dem ersten Konto stehen 70% davon und auf dem zweiten Konto 30% davon). Solange Sie das im Hinterkopf behalten und die zugehörigen steuerlichen Auswertungen korrekt erstellen, spricht meiner Meinung nach nichts gegen eine solch simple Lösung.

5.2.7 Forderungsverluste

Kommen wir jetzt zum unangenehmen Teil Ihres Jahresabschlusses: Die Ausbuchung der Forderungsverluste. Dabei geht es im Prinzip um folgendes: Wenn Sie schon seit Jahren (oder kürzer oder länger, siehe nächster Absatz) einen Kunden in Ihrer Offenen-Posten-Liste stehen haben und bei der Erstellung des Jahresabschlusses wissen, dass dieser Kunde Ihre Rechnungen nie mehr bezahlen wird, können, sollen und müssen Sie diesen offenen Posten „ausbuchen".

Wenn Sie einfach auf die Überweisung Ihres Kunden warten und ansonsten nichts unternehmen, verjährt eine Forderung üblicherweise nach drei Jahren, gerechnet vom Folgejahr der Rechnung an. Für eine Rechnung vom 14. Juni 2014 würde also die dreijährige Verjährungsfrist am 1. Januar 2015 zu laufen beginnen, und am 1. Januar 2018 wäre die Forderung verjährt. Da Sie sowohl Ihren Jahresabschluss für 2017 als auch Ihre Umsatzsteuer-Voranmeldung für Dezember 2017 nicht vor diesem Zeitpunkt erledigen, wissen Sie bereits von der Verjährung und buchen diese Rechnung mit dem Datum 31. Dezember 2017 aus.

Eine kürzere Frist zum Ausbuchen käme in Frage, wenn Sie bereits gerichtliche Schritte (Mahnbescheid, Klage etc.) unternommen haben, der Gerichtsvollzieher Ihnen mitteilt, dass mangels Masse nichts zu pfänden ist und Sie (z.B. wegen eines nur geringen Forderungsbetrags) von weiteren Schritten absehen.

Eine längere Frist kann dagegen z.B. entstehen, wenn Sie Ihre Forderung beim Insolvenzverwalter Ihres Kunden eingereicht haben und sich das Insolvenzverfahren über mehr als drei Jahre hinzieht (so etwas ist keineswegs ungewöhnlich) – in diesem Fall wissen Sie ja noch nicht, ob, wann, und wie viel Sie von Ihrer Forderung noch erhalten; also können Sie sie auch noch nicht ausbuchen.

Langer Rede kurzer Sinn: Die Forderung muss eben *endgültig* „uneinbringlich" sein.

Rein technisch gehen Sie dabei so vor, dass Sie den offenen Betrag auf dem Debitorenkonto wie eine Rechnung buchen, nur mit umgekehrtem Vorzeichen, und nicht auf ein Erlöskonto 840x (440x), sondern auf ein Forderungsverlustkonto 240x (693x). Es gibt detaillierte Forderungsverlustkonten für verschiedene Situationen, z.B. „übliche Höhe" oder „unüblich hoch", und natürlich in erster Linie mit „19% USt", „7% USt", „USt-frei" usw. usf. – suchen Sie sich das passende heraus. (Nicht für alle „Erlösfälle", insbesondere im EU-Bereich, gibt es die zugehörigen Forderungsverlustkonten. Notfalls müssen Sie ein bisschen im Kontenrahmen „basteln", aber falls Sie Ihre Buchungen eines Tages zu Ihrem Steuerberater exportieren wollen, sprechen Sie das unbedingt vorher mit ihm ab!)

Falls Ihnen also ein Kunde z.B. eine Rechnung über 119 Euro inkl. 19% Mwst. schuldig bleibt, buchen Sie *minus* 119 Euro auf „Debitor an Forderungsverluste 19% USt übliche Höhe 2406 (6936)". Das Debitorenkonto hat danach einen Saldo von 0 Euro (ggf. müssen Sie die Posten darauf manuell zusammenfassen, damit es aus der Offenen-Posten-Liste verschwindet), und die Forderungsverluste erscheinen in Ihrer GuV bei den Betriebsausgaben.

Zum Ausbuchen selbst noch zwei praktische Hinweise:

- Achten Sie darauf, die einzelnen offenen Posten auf dem Debitorenkonto mit *genau der* Mwst. auszubuchen, mit der die jeweilige Rechnung damals gestellt wurde! Wenn also eine offene Rechnung aus dem Jahr 2006 im Jahr 2009 verjährt war und dort ausgebucht wurde, musste dies immer noch mit 16% Mwst. geschehen (obwohl der Mwst.-Satz im Jahr 2009 längst auf 19% gestiegen war). Für den unmittelbar vorhergehenden Mwst.-Satz gibt es üblicherweise auch noch spezielle Fibu-Konten und/oder Steuerschlüssel im Kontenrahmen; wenn Sie noch ältere Rechnungen (mit dem „vor-vorgehenden" Mwst.-Satz) ausbuchen müssen, müssen Sie die Mwst. ggf. separat von Hand buchen. Prüfen Sie im Fall der Ausbuchung einer „alten Mwst." *immer* gründlich alle beteiligten Stellen: Steuersatz, Steuerkonto, korrekter Ausweis in Umsatzsteuer-Voranmeldung und Umsatzsteuererklärung. Alte Steuersätze werden in vielen Fibu-Programmen nur wenig bzw. lückenhaft gepflegt, so dass die Steuer möglicherweise auf einem falschen Konto landet oder in der Umsatzsteuer-Voranmeldung und/oder -erklärung an einer falschen Stelle ausgewiesen wird. Hier ist Mitdenken und „geistiger Plausi-Check" erforderlich!

- Erledigen Sie Ausbuchungen zum 31.12. möglichst, *bevor* Sie die zugehörige Dezember-Umsatzsteuer-Voranmeldung ans Finanzamt übermitteln. Sie ersparen sich dadurch lästige und unpraktische Cent-Differenzen auf dem Umsatzsteuer-Verrechnungskonto (siehe oben).

Soweit der Vorgang des Ausbuchens an sich. Hier außerdem noch zwei generelle Hinweise zu zweifelhaften bzw. unsicheren Forderungen:

- Es besteht die Möglichkeit, für einzelne unsichere Forderungen eine sogenannte „Einzelwertberichtigung" zu buchen. Diese nimmt die Betriebsausgabe des endgültigen Forderungsausfalls quasi vorweg, wenn abzusehen ist, dass „nichts mehr zu holen" ist, aber z.B. das Insolvenzverfahren noch nicht vollständig abgeschlossen ist. Der Buchungssatz dazu lautet „Einstellung in die Einzelwertberichtigung" 2451 (6923) an 0998 (1246); und wenn die Sache schließlich endgültig geklärt ist (per Zahlungseingang und/oder Ausbuchung), muss diese Einzelwertberichtigung wieder aufgelöst werden und ergibt einen „Ertrag aus der Auflösung der Einzelwertberichtigung" 2731 (4923) an 0998 (1246). Alle Buchungen bezüglich der Einzelwertberichtigung erfolgen grundsätzlich ohne Mwst. Üblich ist z.B. bei einer zweifelhaften Forderung, die Hälfte (50%) „einzelwertzuberichtigen". Bei Bagatellbeträgen mache ich mir diese „Buchungsmühe" *nicht*; ob und wie viel Prozent Sie bei größeren Forderungen einzelwertberichtigen, sollten Sie mit Ihrem Steuerberater besprechen, da es hierbei doch immer sehr auf den jeweiligen Einzelfall ankommt.

- Es kommt gelegentlich vor, dass Sie (meist nach vielen Jahren) doch noch einen Zahlungseingang für eine bereits ausgebuchte Forderung erhalten. Auch dafür ist gesorgt: Es gibt ein Fibu-Konto „Erträge aus abgeschriebenen Forderungen" 2732 (4925). Im Gegensatz zu „normalen" Umsatzkonten ist hier jedoch kein Steuerschlüssel voreingestellt, da dieses Konto je nach Jahr (der Rechnung – eigentlich der Leistung –, nicht der Zahlung!) höchst unterschiedliche Steuersätze aufweisen kann. Achten Sie auch hier darauf, dass der korrekte Steuersatz (der ursprünglichen Rechnung) verwendet wird und dass Bemessungsgrundlage und Steuer an den richtigen Stellen in der Umsatzsteuer-Voranmeldung und -erklärung stehen und fragen Sie ggf. Ihren Steuerberater, ob er Ihren Export korrekt einlesen konnte. *Warnung:* Bei manchen Fibu-Programmen ist ein Konto fest mit einer bestimmten Umsatzsteuer-Position verknüpft, so dass das Konto 2732 (4925) in einem Wirtschaftsjahr nur mit einem einheitlichen Steuersatz bebucht werden kann. Falls Sie also zufällig im selben Jahr Zahlungseingänge für Forderungen aus 2006 (mit 16% Mwst.) und 2009 (mit 19% Mwst.) erhalten und ein solches Fibu-Programm verwenden, müssen Sie evtl. ein zweites Konto mit einem anderen Steuersatz einrichten. Aber so etwas kommt wirklich sehr, sehr selten vor. Ein Debitorenkonto verwenden Sie beim Zahlungseingang aus abgeschriebenen Forderungen i.d.R. nicht; buchen Sie einfach „Bank an Ertrag", also

1200 (1800) an 2732 (4925) und schreiben Sie z.B. „Zahlung von Kunde 1234 aus dem Jahr 2006" in den Buchungstext.

5.2.8 Sonstiges, Rundungsdifferenzen

Die „großen Brocken" auf Konten, wo sie nicht hingehören, sollten bis hierher erledigt sein. Oft bleiben auf diversen Konten ein paar Cent (vor allem) Rundungsdifferenzen stehen. Damit in der Bilanz nicht Berge von Konten mit jeweils 3 Cent stehen, fassen die meisten Steuerberater diese Konten zusammen – z.B. über ein Verrechnungskonto wie 1590 (1370) – und buchen den dort resultierenden Saldo (je nach Vorzeichen) auf „Sonstige Erträge" 2700 (4930) bzw. „Sonstige Aufwendungen" 2300 (6300) um. Dann gibt es im Jahresabschluss nur noch dieses eine Konto mit den paar Cent, die man beim besten Willen nirgendwo anders mehr untergebracht hat.

Manche Steuerberater gehen sogar noch weiter und wollen noch nicht einmal ein solches „sonstiges" Konto mit ein paar Cent im Jahresabschluss stehen haben. Dann wird der Saldo des Verrechnungskontos einem der zahlreichen „Klein-Aufwandskonten" im Bereich 49xx (68xx) zugeschlagen; gerne wird dafür z.B. „Nebenkosten des Geldverkehrs" 4970 (6855) genommen. Mit persönlich gehen solche Zusammenfassungen dann doch etwas zu weit; ich erwähne das hier nur, damit Sie sich nicht wundern, wenn Ihr Steuerberater beim Jahresabschluss die Hälfte Ihrer Konten hinauswirft und dauernd irgendwo Ihre Kontoführungsgebühren bebucht, ohne dass es die passenden Bankbelege dazu gibt.

5.2.9 Rückstellungen

Ganz zum Schluss (weil Sie nun schon ziemlich genau Ihren erwarteten Jahresüberschuss kennen) können Sie sich mit den *Rückstellungen* beschäftigen. Rückstellungen sind Betriebsausgaben (natürlich für das laufende Jahr), deren Höhe und/oder Zeitpunkt bei der Erstellung des Jahresabschlusses noch unbestimmt sind. Die „gewöhnlichsten" (und oft auch einzigen) Rückstellungen sind:

- Rückstellung für den Beitrag zur Berufsgenossenschaft, falls Sie Angestellte beschäftigen (die Rechnung für das abzuschließende Jahr kommt ja erst im April des Folgejahrs; falls Sie die Rechnung jedoch bereits in Händen halten sollten, wenn Sie Ihren Jahresabschluss erstellen, machen Sie keine Rückstellung, sondern buchen die Rechnung wie im Abschnitt „Eingangsrechnungen" im Kapitel „Laufende Buchungen" beschrieben; denken Sie aber an die Rechnungsabgrenzung, da Leistungs- und Rechnungsjahr hier ja stets auseinanderfallen);

- Rückstellung für die Abschlusszahlung der Gewerbesteuer, falls Sie mit einer Nachzahlung rechnen (bei einer zu erwartenden Erstattung landet die als „Steuerüberzahlung" in den Aktiva unter „Sonstige Forderungen");

- Ich persönlich buche auch die Rückstellung für die Restzahlung des IHK-Beitrags (denn der Bescheid kommt so sicher wie das Amen in der Kirche). Steuerberater machen das seltsamerweise nie (vermutlich weil die zu erwartende Nachzahlung i.d.R. so gering ist, dass sie kaum etwas am Gewinn ändert – Sie können ja vorher erst einmal ausrechnen, ob da überhaupt etwas nennenswertes zusammenkommt).

Die Höhe der Rückstellungen müssen Sie entweder konkret ausrechnen oder „sinnvoll raten". Letzteres ist insbesondere bei der Berufsgenossenschaft nötig, da die Beiträge immer erst im Nachhinein festgesetzt werden. Hier können Sie aber ganz gut mit dem Vorjahresbetrag arbeiten, ggf. angepasst entsprechend der prozentualen Änderung der Gehaltssummen gegenüber dem Vorjahr. Gebucht wird die Rückstellung auf 4138 (6120) an 0970 (3070).

Bezüglich des IHK-Beitrags müssen Sie in Ihrer IHK-Zeitschrift nach der Veröffentlichung der Haushaltssatzung für das betreffende Jahr suchen und davon ausgehend Ihren Beitrag berechnen (z.B. 60 Euro Grundbeitrag zzgl. 0,24% des auf 100 Euro abgerundeten und um einen Freibetrag von 15.340 Euro verminderten Gewerbeertrags). Davon ziehen Sie die Vorauszahlung für das betreffende Jahr ab (wann immer Sie die auch bezahlt haben), und der Rest ergibt die Nachzahlung (oder die Erstattung). Ja, das ist „iterativ" (der IHK-Beitrag ist ja eine Betriebsausgabe und vermindert den Gewerbeertrag, anhand dessen sich der IHK-Beitrag berechnet), aber durch die diversen Rundungen nähert man sich nach ein, zwei „Runden" recht schnell dem endgültigen Beitrag an. Gebucht wird die Rückstellung für die Nachzahlung auf 4380 (6420) an 0970 (3070), eine evtl. Forderung aus einer Überzahlung auf 1501 (1301) an 4380 (6420)

Ähnlich verfährt man bei der Gewerbesteuer, allerdings nicht iterativ, da die Gewerbesteuer seit einigen Jahren eine „nichtabziehbare Betriebsausgabe" ist, d.h. den steuerlichen Gewinn nicht ändert. Um die zu zahlende Gewerbesteuer zu berechnen, gehen Sie wie folgt vor:

- Lesen Sie aus Ihrer GuV den handelsrechtlichen Gewinn ab und zählen Sie die nichtabziehbaren Betriebsausgaben dazu (z.B. Gewerbesteuervorauszahlungen, die 30% nichtabziehbare Bewirtungskosten, ggf. andere nichtabziehbare Betriebsausgaben wie Dienstwagen-Strafzettel für Falschparken etc.) und ermitteln Sie dadurch den steuerlichen Gewinn.

- Runden Sie diesen steuerlichen Gewinn auf volle 100 Euro ab.

- Ziehen Sie ggf. anwendbare Freibeträge ab (bei Einzelunternehmern z.B. 24.500 Euro).

- Errechnen Sie den Gewerbesteuer-Messbetrag, indem Sie 3,5% des im letzten Punkt errechneten Betrags ermitteln. Runden Sie den erhaltenen Betrag ggf. auf volle Euro ab.

- Multiplizieren Sie diesen Gewerbesteuer-Messbetrag mit dem Gewerbesteuer-Hebesatz Ihrer Gemeinde, z.B. bei 447% mit 4,47. Sie erhalten die insgesamt zu zahlende Gewerbesteuer für das aktuelle Wirtschaftsjahr.

- Ziehen Sie davon die bereits getätigten Vorauszahlungen *für* dieses Jahr ab (wann immer Sie diese geleistet haben). Der Rest ergibt die zu erwartende Nachzahlung bzw. Erstattung.

Eine Nachzahlung buchen Sie auf 4320 (7610) an 0956 (3035), eine Erstattung auf 1540 (1435) an 4320 (7610). Auf dem eigentlichen Gewerbesteuerkonto 4320 (7610) sollte nun die für das betreffende Jahr tatsächlich insgesamt zu zahlende Gewerbesteuer stehen.

Wenn sich im Folgejahr die Nachzahlungen bzw. Erstattungen um ein paar Cent oder evtl. sogar Euro von den Rückstellungen bzw. Forderungen unterscheiden, gibt es zahlreiche unterschiedliche Fibu-Konten „Erträge aus der Auflösung von Rückstellungen für …" oder auch „Nachzahlungen von … für das Vorjahr". Buchen Sie hierauf evtl. Differenzen, damit die Rückstellungs- bzw. Forderungskonten wieder einen Saldo von 0 Euro haben.

Anmerkung: Bei der Ermittlung der zu zahlenden Gewerbesteuer gibt es zahlreiche mögliche „Hinzurechnungen" und „Kürzungen" (siehe Kapitel über die Jahressteuererklärungen weiter unten), die die Bemessungsgrundlage für die Gewerbesteuer noch ein wenig (sowohl ins Positive als auch ins Negative) verschieben können und die ich in diesem einfachen Beispiel unterschlagen habe. Natürlich müssen Sie diese Posten bei Ihrer realen Gewerbesteuerberechnung und -erklärung berücksichtigen (falls Sie denn welche haben – bei sehr kleinen Unternehmen sind die schon mal alle null; wundern Sie sich also nicht, wenn Sie in Ihre Gewerbesteuererklärung nur eine einzige Zahl – nämlich Ihren steuerlichen Gewinn – hineinschreiben und sonst gar nichts).

5.3 Debugging – die Fehlersuche

Nobody is perfect – irgendwelche Zahlen stimmen „immer nie". Die erste Herausforderung ist natürlich, herauszufinden, *welche* Zahlen nicht stimmen. Dabei hilft „Brain 1.0", also ein „geistiger Plausi-Check". Am besten gehen Sie wie folgt vor:

- Drucken Sie Ihre Summen- und Saldenliste für das Gesamtjahr aus. Gehen Sie alle Salden durch und achten Sie auf „seltsame Beträge" (mit der Zeit bekommen Sie ein Auge dafür). Insbesondere Salden mit nur wenigen Cent verdienen Beachtung (siehe Kapitel über Rundungsdifferenzen weiter oben), außerdem auch Debitoren mit Habensaldo und Kreditoren mit Sollsaldo (evtl. wurden Rechnungen doppelt bezahlt oder auch nur die Zahlungen doppelt gebucht).

- Vergleichen Sie den tatsächlichen Stand Ihrer Bankkonten mit den zugehörigen Fibu-Konten. Sollten Sie eine Differenz feststellen, zeigen Sie ein Kontoblatt des jeweiligen Fibu-Kontos an und erweitern Sie – von Januar ausgehend – den Anzeigezeitraum, damit Sie feststellen können, bis zu welchem Zeitpunkt Ihr Konto noch stimmt.

- Auch den tatsächlichen Kassenbestand sollten Sie mit dem Kassen-Fibu-Konto vergleichen.

- Prüfen Sie „verdächtige" Konten, ob die Mwst.-Buchungen stimmen (z.B. müssen auf den Umsatzkonten 840x (440x) alle Buchungen mit 19%

Mwst. stehen; wenn Sie auf dem Portokonto 4910 (6800) nur Briefmarken gekauft haben, darf dort keine Mwst.-Buchung existieren, da Briefmarken Mwst.-frei sind etc.).

- Haben Sie irgendwo eine größere Differenz? Teilen Sie die Differenz durch zwei. Wenn dann ein „bekannter" Rechnungs- oder Zahlungsbetrag herauskommt, haben Sie diesen mit einem falschen Vorzeichen gebucht.

- Wenn die Differenz durch neun teilbar ist, haben Sie vermutlich einen Zahlendreher gebucht. Beispiel: 342 Euro statt 324 Euro ergibt eine Differenz von 18 Euro; 18 ist durch 9 teilbar, also Verdacht auf Zahlendreher.

- Machen Sie schließlich einen Testausdruck Ihrer Bilanz und GuV (mit Kontennachweis) und achten Sie auch hier auf „seltsame" Beträge (Centbeträge, negative Vorzeichen etc.) und auf Kontenbezeichnungen, von denen Sie noch nie etwas gehört haben (dann haben Sie vielleicht einen Zahlendreher oder einfach nur einen Tippfehler bei der Eingabe des Kontos gemacht).

Wenn alles logisch und richtig erscheint, sind Sie fertig – herzlichen Glückwunsch!

5.4 Jahresübernahme

Zum letzten Absatz muss ich leider gleich eine Einschränkung machen: Mit dem letzten Jahr sind Sie zwar fertig, aber Sie müssen die ganzen Daten noch ins neue Jahr hinüber bekommen. Üblicherweise bietet Ihnen Ihre Fibu-Software dafür eine Funktion namens „Jahresübernahme" (oder „Neues Wirtschaftsjahr anlegen" – falls noch nicht geschehen – oder „Saldenübernahme" o.ä.). Mit dieser Funktion werden die Erlös- und Kostenkonten (also alles, was in der GuV steht) für das neue Jahr wieder auf einen Saldo von 0 € gesetzt und die Aktiv- und Passivkonten (also alles, was in der Bilanz steht) aus dem Vorjahr übernommen …

… mit einer Ausnahme, und zwar dem Vorjahresgewinn („Jahresüberschuss" – oder evtl. „Bilanzgewinn" – in Ihrer Bilanz/GuV). Wie Sie diesen Gewinn in das Folgejahr übernehmen, hängt stark von Ihrer Rechtsform ab (und was Sie mit dem Gewinn so alles vorhaben). Am besten informieren Sie sich in Ihren Vorjahresabschlüssen, wie mit dem Gewinn verfahren wurde. Hier nur zwei sehr einfache Beispiele:

- Wenn Sie Einzelunternehmer sind, achten Sie darauf, dass die „Privatkonten" 1800ff. (2100ff.) *nicht* automatisch in das Folgejahr übernommen werden (sollte in Ihrer Fibu-Software eigentlich Voreinstellung sein). Nehmen Sie das Eigenkapital am Ende des Wirtschaftsjahrs (das sich aus dem Eigenkapital des Vorjahrs plus Privateinlagen minus Privatentnahmen plus Gewinn ergibt) und buchen Sie es im neuen Jahr auf den Saldovortrag 0880 (2010) „Variables Kapital".

- Wenn Sie bei Kapitalgesellschaften (z.B. GmbH) den Jahresüberschuss einfach ins neue Jahr vortragen, buchen Sie diesen (ggf. summiert mit vorherigen Jahresüberschuss-Vorträgen) auf den Saldovortrag 0860 (2970) „Gewinnvortrag vor Verwendung".

Saldovortragsbuchungen erfolgen i.d.R. auf der Habenseite der angegebenen Konten. In allen Fällen müssen Sie danach in der Summen- und Saldenliste des neuen Jahres bei den EB-Werten der Kontenklasse 9 (also 9000, 9008 und 9009) auf Soll- und Habenseite den gleichen Saldo haben, sonst ist bei der Jahresübernahme etwas schief gegangen. Prüfen Sie in diesem Fall insbesondere die Umsatzsteuerkonten (und andere Aktiv- und Passivkonten, von denen Sie eigentlich dachten, dass Sie sie beim Vorjahresabschluss auf 0 € gesetzt hätten – oft findet man da noch ein paar vergessene „Leichen").

6. eBilanz

Den steuerlichen Gewinn Ihres Unternehmens schreiben Sie ja als einen einzigen Betrag in Ihre Steuererklärung, aber diese eine Zahl genügt dem Finanzamt natürlich nicht. Bis vor einigen Jahren haben Sie dazu Ihre Bilanz und GuV und ggf. einige Erläuterungen ausgedruckt und mit der Post ans Finanzamt geschickt; seit „für 2013" sind Sie nun verpflichtet, diese Unterlagen zu „ELSTERn", also elektronisch via Internet zu übermitteln.

Im Idealfall übernimmt das natürlich unmittelbar Ihre Fibu-Software; ansonsten müssen Sie ein externes Programm dazu verwenden (und Ihre Fibu-Daten irgendwie „hinüber bekommen", i.d.R. durch „CSV-Dateien" mit Ihren Kontensalden).

In beiden Fällen werden Sie wohl nicht umhin kommen (außer Sie verwenden den SKR03/04 ohne jegliche Änderung, und der eBilanz-Programm-Hersteller liefert eine vollständige Zuordnungstabelle mit), Ihre Konten den einzelnen Positionen der eBilanz-*Taxonomie* zuzuordnen. Eine „Taxonomie" ist ein Schema, in das Sie Ihren Jahresabschluss „pressen" müssen, damit das Finanzamt ihn „versteht". Die Taxonomien werden – mit leichten Änderungen bzw. Erweiterungen alle paar Jahre – von der Finanzverwaltung vorgegeben; daher sind Sie programmtechnisch auch immer wieder einmal auf Updates angewiesen.

Ein Beispiel: Auf der Aktiva-Seite Ihrer Bilanz gibt es im Bereich „Umlaufvermögen" den Posten „Guthaben bei Kreditinstituten" (also im wesentlichen Ihr Bankkonto). Diesen

Posten melden Sie in der eBilanz unter dem von der Taxonomie festgelegten Namen „bs.ass.currAss.cashEquiv.-bank" (der sich zusammensetzt aus „bs" = „Bilanz", „ass" = „Aktiva", „currAss" = „Umlaufvermögen", „cashEquiv" = „Kasse, Bank und Schecks", „bank" = „Bankguthaben").

Um diese kryptischen Bezeichnungen müssen Sie sich mit einer guten Software nicht kümmern; aber es könnte sein, dass Sie in irgendeinem Programmfenster den eBilanz-Posten „Guthaben bei Kreditinstituten" anklicken bzw. auswählen müssen und diesem die bei Ihnen beteiligten Fibu-Konten, z.B: 1100 (1700) und 1200 (1800), zuordnen müssen. Möglicherweise sind in Ihrer eBilanz-Software auch schon einige (oder gar alle) SKR03/04-Konten den (hoffentlich) richtigen eBilanz-Positionen zugeordnet, so dass Sie nicht alles von vorne beginnen müssen, aber zumindest selbst erschaffene oder geänderte Konten müssen Sie genauer unter die Lupe nehmen, damit diese an der richtigen Stelle in Ihrer eBilanz landen.

Neben der Bilanz selbst müssen Sie auch noch Ihre GuV übermitteln, plus ggf. einige weitere Berichtsbestandteile, z.B. die steuerliche Gewinnermittlung bei Einzelunternehmern und Personengesellschaften. Darin addieren Sie zum handelsrechtlichen Jahresüberschuss aus Ihrer GuV die nichtabziehbaren Betriebsausgaben wie Gewerbesteuer und die 30% nichtabziehbaren Bewirtungskosten (siehe auch Kapitel über den Jahresabschluss weiter oben), um den steuerlichen Gewinn zu ermitteln. Beachten Sie, dass in der eBilanz-GuV 100% Bewirtungskosten enthalten sein müssen, also die Summe aus den Konten 4650 (6640) und 4654 (6644), wenn Sie wie oben beschrieben gebucht haben. Erst in der steuerlichen Gewinnermittlung werden die nichtabziehbaren Konten 4654 (6644) und auch 4320 (7610) für die Gewerbesteuer (und evtl. weitere) zum Jahresüberschuss addiert, um den steuerlichen Gewinn zu erhalten.

Daneben müssen Sie natürlich auch zahlreiche „Stammdaten" übermitteln, also natürlich so etwas banales wie Ihren Namen und Ihre Anschrift, ferner Ihre Steuernummer(n), alle Gesellschafter bei Personengesellschaften usw. usf. Für letztere ist für Wirtschaftsjahre, die nach dem 31.12.2014 beginnen, außerdem die Kapitalkontenentwicklung zu übermitteln.

Sie sehen also: Dieses Thema ist ziemlich umfangreich (auch wenn Sie dabei programmtechnisch unterstützt werden). Es schadet daher nichts, sich frühzeitig damit zu beschäftigen – versuchen Sie ruhig schon einmal „unterm Jahr" eine eBilanz zu bauen und vom ELSTER-Modul Ihrer eBilanz-Software validieren zu lassen, dann haben Sie noch genügend Zeit, die 374 angezeigten Fehler zu beheben …

Falls Sie keine eBilanz-Funktion in Ihrer Fibu-Software haben, können Sie vielleicht das separate Programm „myebilanz" des Buchautors verwenden. Informationen dazu finden Sie im letzten Kapitel.

7. Übergangsgewinn

An dieser Stelle ein paar Worte zum Übergang von der EÜR zur Bilanzierung. Wenn Sie im Jahr N ihren Gewinn mit einer EÜR und im Jahr N+1 mit Bilanzierung ermitteln, müssen Sie sicherstellen, dass alle Erlöse exakt einmal (und nicht etwa zweimal oder keinmal) zum Gewinn zählen und alle Kosten ebenso exakt einmal als Betriebsausgabe.

Da die Gewinnermittlungen völlig „inkompatibel" sind (im EÜR-Jahr zählt für „normale" Einnahmen und Ausgaben der Zahlungszeitpunkt, im Bilanzjahr der Leistungszeit-punkt; und insbesondere die Mwst. ist im EÜR-Jahr Ein-nahme bzw. Ausgabe, im Bilanzjahr lediglich ein durchlau-fender Posten), müssen Sie quasi am 1. Januar um 0 Uhr des ersten Bilanzjahres eine „dazwischenliegende" Ge-winnermittlung machen, in der diejenigen Posten enthalten sind, die sonst weder im EÜR- noch im Bilanzjahr vorkom-men würden. Das Ergebnis dieser Gewinnermittlung nennt man „Übergangsgewinn". Dieser Übergangsgewinn wird der Steuererklärung des letzten EÜR-Jahrs zugeschlagen.

Ich kenne keine (kleine bis mittlere) Fibu-Software, die den Übergangsgewinn automatisch ausrechnet und ausdruckt – nehmen Sie also einfach ein Blatt Papier und ermitteln Sie den Übergangsgewinn manuell (siehe unten). Diese formlose Ermittlung des Übergangsgewinns fügen Sie schließlich Ihrer EÜR für das letzte EÜR-Jahr bei. Der steuerliche Eintrag in die Anlage G zu Ihrer Einkommen-steuererklärung setzt sich dann aus dem „normalen" EÜR-Gewinn zuzüglich des Übergangsgewinns zusammen.

Für das erste Bilanzjahr erstellen Sie außerdem eine „Eröffnungsbilanz". Keine Sorge – wenn Sie alles richtig gebucht haben, macht das Ihre Fibu-Software für Sie. Was dort genau drinsteht, erfahren Sie weiter unten.

7.1 Forderungen und Verbindlichkeiten

Wenn Sie am 31.12. Ihres letzten EÜR-Jahrs offene Rechnungen vorliegen haben (sowohl „ausgehende" an Ihre Kunden als auch „eingehende" von Ihren Lieferanten), haben sich diese im EÜR-Jahr noch nicht buchhalterisch ausgewirkt, da die Zahlungen noch nicht erfolgt sind. Im Bilanzjahr wirken sich diese Rechnungen jedoch ebenfalls steuerlich nicht aus, da der Leistungszeitpunkt bereits im EÜR-Jahr war. Alle diese offenen Posten gehören daher in den Übergangsgewinn; zu Beginn des Bilanzjahrs sind dies dann Forderungen und Verbindlichkeiten (in der Eröffnungsbilanz, siehe unten), die bei der Zahlung – ohne Einfluss auf den Gewinn – ausgeglichen werden.

7.2 Umsatzsteuer

Ähnliches gilt für die Umsatzsteuer: Hierfür erhalten Sie zwar keine Rechnung vom Finanzamt, aber Sie wissen beim Jahresabschluss des „EÜR-Jahrs", wie viel Umsatzsteuer Sie noch ans Finanzamt zahlen müssen (oder vom Finanzamt erstattet bekommen). Auch diese Posten zählen – wie die Forderungen und Verbindlichkeiten aus dem letzten Abschnitt – zum Übergangsgewinn.

7.3 Warenbestand

Nun die schlechte Nachricht: Ihr Warenbestand *erhöht* den Übergangsgewinn, denn – wie in den vorangegangenen Kapiteln beschrieben – haben Sie in der „Bilanzwelt" ja noch keine Kosten für Ihren Wareneinkauf gehabt, sondern lediglich „Geld gegen Ware" getauscht. Die Kosten Ihres Einkaufs wirken sich bei Bilanzierung erst im Jahr des Verkaufs aus (oder der Verschrottung, falls Sie Lagerware wegwerfen müssen). Addieren Sie also von allen Waren, die noch in Ihrem Lager liegen, den jeweiligen Nettoeinkaufspreis zu Ihrem Übergangsgewinn hinzu.

7.4 Beispiel

Da die Anleitung in den letzten Abschnitten nur graue Theorie war, dies jedoch ein Praxisbuch ist, zeige ich Ihnen hier an einem Mini-Beispiel, wie die Ermittlung des Übergangsgewinns tatsächlich funktioniert.

Wir betrachten hier nur die Posten, die für den Übergangsgewinn relevant sind; d.h. wenn Sie in Ihrem letzten EÜR-Jahr irgendwelche Waren im Mai eingekauft und im Juli verkauft haben (und auch schon die Mwst. dafür abgeführt haben), sind diese Dinge bereits erledigt und spielen jetzt keine Rolle mehr.

Gehen wir also davon aus, dass Sie im Dezember drei Computer (als Handelsware, d.h. zum Wiederverkauf) zu je 983,17 € netto eingekauft haben; inklusive 19% Mwst. macht das 1.169,97 € pro Stück. Außerdem haben Sie diese Computer bei Ihrem Lieferanten auch bereits bezahlt.

Gehen wir ferner davon aus, dass Sie zwei dieser Computer (für jeweils 1.011,33 € zzgl. 19% Mwst. = 1.203,48 €) bereits im Dezember wieder verkauft haben und dass der restliche noch in Ihrem Lager auf einen Käufer wartet. Und schließlich nehmen wir an, dass der erste der beiden Käufer Ihnen das Geld noch im Dezember überwiesen hat, wohingegen der zweite Käufer erst im Januar überweisen wird (also im „Bilanz-Jahr").

7.4.1 Forderungen und Verbindlichkeiten

Verbindlichkeiten aus Lieferungen und Leistungen haben Sie keine, da Sie die drei Computer bei Ihrem Lieferanten ja bereits bezahlt haben.

Forderungen aus Lieferungen und Leistungen haben Sie genau eine, nämlich die an den Kunden, der den Computer im Dezember gekauft hat, aber erst im Januar bezahlen wird (den Zahlungseingang des anderen, „schnelleren" Kunden im Dezember haben Sie ja ohnehin ganz normal in Ihrer EÜR stehen – wie bisher auch).

Da die Zahlung dieses Kunden im „Bilanzjahr" keinen Einfluss auf den Gewinn mehr hat (die Leistung war ja noch im „EÜR-Jahr"), gehört diese Forderung also in den Übergangsgewinn, in unserem Beispiel also exakt 1.203,48 €.

7.4.2 Umsatzsteuer

Für alle Transaktionen im Dezember des EÜR-Jahrs finden die tatsächlichen Umsatzsteuer-Zahlungsvorgänge mit dem Finanzamt ja erst im Folgejahr (hier: Bilanzjahr) statt (außer Sie überweisen die Dezember-Umsatzsteuer noch schnell manuell am 30. Dezember – aber warum sollten Sie das tun?). Da die Umsatzsteuer bei Bilanzierung keinen Einfluss auf den Gewinn hat, müssen Sie die entsprechenden Beträge ebenfalls im Übergangsgewinn aufführen.

In unserem Beispiel haben Sie im Dezember zwei Computer verkauft und damit zweimal 192,15 € Mwst. von Ihren Kunden eingenommen, zusammen also 384,30 €. Vorher haben Sie drei Computer eingekauft und dafür dreimal 186,80 € Mwst. an Ihren Lieferanten gezahlt, insgesamt also 560,40 €, die Sie beim Finanzamt als Vorsteuer geltend machen können.

Unterm Strich sieht es also am 31.12. des EÜR-Jahrs so aus, dass Sie vom Finanzamt eine Umsatzsteuererstattung in Höhe von 176,10 € (=abzuführende Umsatzsteuer 384,30 € minus zu erstattende Vorsteuer 560,40 €) erwarten können. Diese 176,10 € zählen zum Übergangsgewinn hinzu.

7.4.3 Warenbestand

Einen der drei Computer haben Sie noch auf Lager. Zählen Sie den Netto-Einkaufpreis, also 983,17 €, zum Übergangsgewinn hinzu.

7.4.4 Rechnungsabgrenzung

Um dieses Beispiel nicht zu sehr aufzublähen, habe ich die Rechnungsabgrenzung weggelassen. Aber wenn Sie im EÜR-Jahr etwas bezahlt haben, für das Sie die Leistung erst im Bilanzjahr erhalten werden, müssen Sie auch diesen Betrag (netto) zum Übergangsgewinn hinzuzählen; umgekehrt können Sie eingenommene Beträge von Ihren Kunden, für die Sie die Leistung erst im Bilanzjahr erbringen, (netto) vom Übergangsgewinn abziehen.

7.4.5 Sonstiges

Auch andere „noch nicht bezahlte" Beträge können bei der Berechnung des Übergangsgewinns erscheinen, z.B. die Gewerbesteuerrückstellung. Lesen Sie das Kapitel über den „normalen" Jahresabschluss weiter oben durch und überlegen Sie, ob es, wenn Sie für das EÜR-Jahr eine Bilanz erstellen würden, derartige Posten gäbe – diese müssen dann mit berücksichtigt werden.

7.4.6 Ergebnis

In der Summe besteht der Übergangsgewinn in unserem einfachen Beispiel also aus 1.203,48 € (Rechnung an Kunde), 176,10 € (Umsatzsteuererstattung vom Finanzamt) und 983,17 € (Lagerbestand), insgesamt 2.362,75 €. Diesen Betrag müssen Sie in der Anlage G zu Ihrer Einkommensteuererklärung (des letzten EÜR-Jahrs) dem normalen „EÜR-Gewinn" hinzurechnen. Die Berechnung des Übergangsgewinns (wie oben beschrieben) reichen Sie, wie erwähnt, einfach formlos zusammen mit Ihrer EÜR beim Finanzamt ein.

Falls Sie jetzt denken „Bilanzierung ist Mist, da muss ich ja einen viel höheren Gewinn versteuern": Das stimmt nicht;

über die Jahre versteuern Sie exakt die gleichen Beträge wie mit einer EÜR – nur zu einem anderen Zeitpunkt! Das kann früher, aber auch später als bei einer EÜR sein (und damit für Sie vorteilhaft oder eben auch nicht – es kann sogar ein negativer Übergangsgewinn herauskommen), aber insgesamt betrachtet versteuern Sie – langfristig – mit einer Bilanz keinen einzigen Cent mehr oder weniger als mit einer EÜR.

7.5 Eröffnungsbilanz

Eine Eröffnungsbilanz entspricht gänzlich einer „normalen" Bilanz, nur dass sie nicht zum Stichtag 31.12., sondern zum Stichtag 1.1. erstellt wird, also zu Beginn des Wirtschaftsjahrs. Im laufenden Betrieb werden keine Eröffnungsbilanzen für jedes Wirtschaftsjahr erstellt, und zwar aus dem ganz einfachen Grund, weil die Eröffnungsbilanz für das Wirtschaftsjahr N+1 mit der Schlussbilanz des Wirtschaftsjahrs N absolut identisch wäre (denn die Schlussbilanz spiegelt das Vermögen am 31.12. um 23.59 Uhr wider; die Eröffnungsbilanz das Vermögen am 1.1. um 0.01 Uhr – zwischen diesen beiden Zeitpunkten werden per Definition keine Geschäfte gemacht).

Lediglich wenn Sie im Vorjahr Ihren Gewinn noch mit einer EÜR ermittelt haben (oder Ihr Geschäft komplett neu anfangen), benötigen Sie eine Eröffnungsbilanz, die Sie beim Finanzamt einreichen müssen. Bei einem frischgebackenen Einzelunternehmer steht dort überall 0 € darin (es sei denn, er bringt vorhandene Anlagegüter, Handelsware o.ä. in sein Unternehmen ein), bei Kapitalgesellschaften (z.B.

GmbH) nur das Stammkapital etc. – also im Prinzip alles sehr einfach und übersichtlich.

Wenn Sie von einer EÜR umsteigen, müssen Sie in der Eröffnungsbilanz ein paar Felder mehr ausfüllen. Normalerweise macht das Ihre Fibu-Software für Sie, wenn Sie die Funktion „Saldenvorträge buchen" benutzen. Was Sie dort buchen müssen, erfahren Sie im nächsten Abschnitt.

7.5.1 Saldenvorträge buchen

Für die Eröffnungsbilanz drucken Sie sich einfach ein leeres Bilanzschema aus (oder, wenn Sie keines haben, § 266 aus dem Handelsgesetzbuch – Links dazu im letzten Buchkapitel) und überlegen sich, welche Positionen Sie davon befüllen müssen. Normalerweise sind das im wesentlichen folgende (in Bilanzreihenfolge):

- Anlagevermögen. Alles, was Sie teuer gekauft haben und auf mehrere Jahre abschreiben (das haben Sie ja auch schon in Ihrer EÜR gemacht), wird hier mit seinem Buchwert aufgeführt (also mit dem Restwert zum 31.12. des Vorjahrs). „Immaterielle Vermögensgegenstände" sind zum Beispiel Software-Programme, die Sie auf mehrere Jahre abschreiben; „Sachanlagen" alles, was man anfassen kann (vor allem natürlich Computer, Büroeinrichtung etc., ggf. Ihr Dienstwagen). (Der dritte Punkt dort, „Finanzanlagen", kommt bei kleineren Unternehmen eher nicht vor; dies wären z.B. Anteile an anderen Unternehmen o.ä.)

- Umlaufvermögen. Dieser Punkt teilt sich auf in:

- Vorräte. Hier geben Sie Ihren Warenbestand an (falls Sie einen haben) wie oben beschrieben, also im wesentlichen das Fibu-Konto 3980 (1140).

- Forderungen und sonstige Vermögensgegenstände. Dies sind hauptsächlich Ihre Rechnungen an Ihre Kunden, die noch unbezahlt sind, aber z.B. auch zu erwartende Umsatzsteuererstattungen vom Finanzamt – also alles, woher Sie noch (sicher!) Geld bekommen werden.

- Wertpapiere. Kommt bei kleineren Unternehmen eher nicht vor.

- Kassenbestand etc. Alle Ihre unternehmerischen Bankkonten, Bargeldkassen und ähnliche „Geldkonten".

- Aktive Rechnungsabgrenzung. Von Ihnen im Vorjahr bezahlte Rechnungen, für die Sie die Leistung erst in diesem Jahr (oder später) erhalten werden.

- Eigenkapital. Als Kapitalgesellschaft (z.B. GmbH) geben Sie hier Ihr Stammkapital und ggf. Ihren Gewinn- oder Verlustvortrag an; als Einzelunternehmer ergibt sich Ihr Eigenkapital (das hier „Variables Kapital" heißt) automatisch aus der resultierenden Differenz der Saldovortragskonten (siehe unten).

- Rückstellungen. Vor allem Gewerbesteuer, evtl. IHK-Beitrag.

- Verbindlichkeiten. Meist Rechnungen Ihrer Lieferanten, die Sie noch nicht bezahlt haben, aber auch diverse Steuerverbindlichkeiten (vor allem Umsatzsteuer, Gewerbesteuer o.ä.).

- Passive Rechnungsabgrenzung. Von Ihnen im Vorjahr eingenommene Beträge, für die Sie Ihre Leistung erst in diesem Jahr (oder später) erbringen werden.

Rein technisch funktioniert das Buchen der Saldenvorträge so, dass Sie in Ihrer Fibu-Software das entsprechende Konto angeben (z.B. 0410 (0635) für Geschäftsausstattung, 1200 (1800) für Ihr Bankkonto, 3980 (1140) für den Warenbestand, oder auch 10001 als Debitorenkonto für Ihren Kunden Arthur Apfelbaum, gegen den Sie eine noch offene Forderung haben) und den entsprechenden Betrag eingeben. Aktivkonten werden dabei im Soll bebucht, Passivkonten im Haben. Als Gegenkonto verwendet Ihre Fibu-Software dabei intern stets das Saldovortragskonto 9000 (bzw. für Debitoren 9008 und für Kreditoren 9009).

Wenn Sie als Einzelunternehmer alle relevanten Saldenvorträge außer dem Eigenkapital gebucht haben und die Summen- und Saldenliste mit den Beträgen der Eröffnungsbilanz („EB-Werte") ausgeben, stellen Sie eine Diskrepanz zwischen der Soll- und Habenseite der Kontenklasse 9 fest (also die Gegenkonten der EB-Werte: 9000, 9008 und 9009). Diese Diskrepanz ist Ihr Eigenkapital. Buchen Sie den Betrag als Saldovortrag auf der Habenseite auf 0880 (2010) „Variables Kapital".

Schließlich und endlich sollten Ihre EB-Werte der Kontenklasse 9 auf Soll- und Habenseite identisch sein. Ihre Eröffnungsbilanz ist fertig!

7.5.2 Beispiel

Mit den Werten aus dem Beispiel vom Übergangsgewinn weiter oben ergibt sich folgende Eröffnungsbilanz (Angabe der zu buchenden Saldenvorträge/EB-Werte), hier für Einzelunternehmer:

- Debitorenkonto, z.B. 10001 (wird intern automatisch auf 1400 (1200) aufsummiert: 1.203,48 € (im Soll).

- Umsatzsteuerforderungen 1545 (1420): 176,10 € (im Soll).

- Warenbestand 3980 (1140): 983,17 € (im Soll).

Bis an diese Stelle haben Sie nun exakt die 2.362,75 € aus dem Übergangsgewinn (aus dem Beispiel weiter oben) gebucht. Im „Real Life" werden Sie vermutlich noch weitere Saldenvorträge buchen müssen; für dieses Beispiel hier machen wir noch folgende zusätzliche Annahmen:

- Ihr Geschäfts-Bankkonto ist am 1.1. in den Miesen. Sie haben Ihren Dispositionskredit ausgenutzt und derzeit einen negativen Kontostand in Höhe von 2.489,17 €. Buchen Sie diesen Betrag auf 1200 (1800) (im Haben, weil Schulden – ein Guthaben wäre im Soll zu buchen).

- Ihre Geschäftsausstattung war gemäß Ihrer Inventar- und Abschreibungstabelle am 31.12. des Vorjahrs noch 8.375,00 € wert (Steuerberater *hassen* Cent-Beträge in Abschreibungstabellen und runden bereits im Jahr der Anschaffung auf volle Euro). Buchen Sie diesen Betrag auf 0410 (0635) (im Soll).

Wenn Sie an dieser Stelle Ihre Summen- und Saldenliste ausgeben, erhalten Sie in der Spalte für die EB-Werte in der Kontenklasse 9 die folgenden Beträge:

- Konto 9000 „Saldenvorträge Sachkonten": 7.045,10 € im Haben

- Konto 9008 „Saldenvorträge Debitoren": 1.203,48 € im Haben

macht zusammen für die „Kontenklasse 9":

- Sollsaldo 0,00 €

- Habensaldo 8.248,58 €

Ziehen Sie diese Beträge voneinander ab (der Sollsaldo ist z.B. dann nicht null, wenn Sie noch Schulden bei Ihren Lieferanten haben oder noch Umsatzsteuer abführen müssen etc.), erhalten Sie Ihr Eigenkapital, hier also 8.248,58 €. Buchen Sie diesen Betrag als Saldovortrag auf „Variables Kapital" 0880 (2010) (im Haben).

Wenn Sie nun Ihre Summen- und Saldenliste anschauen, sehen Sie in der EB-Wert-Spalte bei der „Summe Klasse 9" sowohl in der Soll- als auch in der Haben-Spalte einen Betrag in Höhe von jeweils 1.203,48 €. Voilà!

Nun können Sie Ihre Eröffnungsbilanz ausdrucken (bzw. „ELSTERn", siehe Kapitel über die eBilanz).

8. Umsatzsteuer

Nachdem die Umsatzsteuer in den vorangegangenen Kapiteln immer wieder eine bedeutende Rolle gespielt hat, erscheint es mir angebracht, hierzu ein eigenes Kapitel einzuschieben, gemäß dem Motto „Was Sie schon immer über die Umsatzsteuer wissen wollten, aber nie zu fragen wagten".

Generell werden in diesem Buch die Begriffe „Umsatzsteuer" und „Mehrwertsteuer" synonym verwendet, obwohl das rein wissenschaftlich nicht ganz korrekt ist. Wenn Sie die Theorie (und den exakten Unterschied zwischen beiden) wissen wollen, sehen Sie in der Wikipedia nach. Für die Praxis (und um die geht es schließlich in diesem Buch) spielt der Unterschied aber keine ernsthafte Rolle.

8.1 Allgemeines

Wie Sie vielleicht inzwischen mitbekommen haben, bestehen Rechnungen i.d.R. aus einem Nettobetrag, dann 19% Mwst., und schließlich dem Endbetrag, der letztendlich auch bezahlt werden muss. Die Mwst., die Ihnen Ihre Kunden überweisen, müssen Sie ans Finanzamt abführen; die Mwst., die Sie Ihren Lieferanten überweisen, erhalten Sie vom Finanzamt zurück. Das ist die absolute Grundlage, von der es natürlich zahlreiche Ausnahmen (und Ausnahmen von den Ausnahmen) gibt, aber in 99% aller Geschäftsvorfälle funktioniert die Mwst. tatsächlich so (einfach). Lediglich mit ausländischen Geschäftsbeziehungen ist es etwas komplizierter; daher gibt es hierfür weiter unten noch ein eigenes Kapitel.

Zwei wichtige Ausnahmen (die aber normale, kleinere Unternehmer kaum betreffen) möchte ich an dieser Stelle gleich aufführen:

8.1.1 Ausnahme: Steuerfreie Leistungen

In § 4 Umsatzsteuergesetz (lesen Sie es ruhig einmal nach – ist ganz interessant) gibt es eine Reihe von Leistungen, die generell von der Umsatzsteuer befreit sind. Falls Sie also zufällig z.B. ein Arzt oder eine Bank sind (wobei es hier bei manchen speziellen Leistungen auch „Ausnahmen von den Ausnahmen" gibt), dürfen bzw. müssen Sie Ihre Rechnungen ohne Mwst. ausstellen – aber Sie bekommen für Ihre Ausgaben, die Sie an Ihre Lieferanten zahlen, auch keine Mwst. vom Finanzamt zurück.

Besonders absurd wird es, wenn Sie so vielseitige Geschäfte machen, dass Ihre Leistungen teilweise umsatzsteuerpflichtig und teilweise (aufgrund von § 4 UStG) von der Umsatzsteuer befreit sind. Dann müssen Sie nämlich Ihre Ausgaben aufteilen und sich überlegen, welche Ausgabe nun für den umsatzsteuerpflichtigen Teil Ihres Geschäfts war (nur davon erhalten Sie die Mwst. vom Finanzamt zurück) und welche für den umsatzsteuerfreien Teil Ihres Geschäfts (hier erhalten Sie nichts zurück). Viel Spaß! (Fibu-Programme für Ärzte und Banken buchen so etwas vermutlich automatisch „mit links", sind aber nicht Gegenstand dieses Buches.)

8.1.2 Ausnahme: Reverse Charge

Für bestimmte Branchen (z.B. Bauleistungen, Gebäudereinigung; aber auch Erdgas-, Handy-, Tablet- und Spielkonsolen-Lieferungen und einige andere) muss der *Leistungsempfänger* die Umsatzsteuer an das Finanzamt abführen, wenn er (i.d.R.) aus der gleichen Branche ist wie Sie selbst (in anderen Fällen genügt es, selbst Unternehmer zu sein). Das heißt: Sie stellen Ihrem Kunden eine Rechnung ohne Mwst. aus (aber mit Hinweis auf die „Steuerschuldnerschaft des Leistungsempfängers", wie „Reverse Charge" auf deutsch heißt), und die Mwst. wird nicht von Ihnen, sondern von Ihrem Kunden selbst ans Finanzamt abgeführt. (Ob er sie dann als Vorsteuer wieder zurückbekommt, ist nicht Ihr Problem.) Umgekehrt würden Sie Rechnungen ohne Mwst. erhalten und wären dann selbst für die ordnungsgemäße Anmeldung und Abführung der Mwst. verantwortlich.

Der Grund für diese Abwicklung ist Umsatzsteuerbetrug in jüngster Vergangenheit (also dass Vorsteuer vom Finanzamt erstattet wurde, die gar nicht abgeführt wurde). Offenbar sind manche Branchen betrügerischer als andere; die Liste der Branchen wird auch alle paar Jahre erweitert. Machen Sie sich in § 13b UStG schlau, ob Sie davon betroffen sein könnten, und fragen Sie im Fall des Falles Ihren Steuerberater nach der korrekten Abwicklung (die einzelnen Sachverhalte sind recht kompliziert, und Sie sollten jemanden haben, der Ihnen eine sichere und rechtsverbindliche Auskunft dazu geben kann).

Dieses „Reverse-Charge"-Prinzip gilt übrigens auch bei bestimmten Auslandsgeschäften (und dort ist es auch leichter zu verstehen). Lesen Sie hierzu weiter unten im Kapitel über das Ausland nach.

8.2 Kleinunternehmerregelung

Alles, was Sie in diesem Buch über die Umsatzsteuer gelesen haben (und noch lesen werden), ist falsch – und zwar dann, falls Sie „Kleinunternehmer" im Sinne von § 19 UStG sind.

Bei einer Unternehmensgründung erhält man heutzutage einen Fragebogen, in dem u.a. der Punkt vorkommt, ob man die Kleinunternehmerregelung gemäß § 19 UStG anwenden möchte oder nicht.

Worum geht es dabei? Wenn Sie diese Regelung anwenden (was nur geht, wenn Ihr Umsatz bestimmte Grenzen nicht überschreitet: derzeit 17.500 € im vorangegangenen Kalenderjahr und voraussichtlich 50.000 € im laufenden Kalenderjahr), ist Umsatzsteuer/Mwst. nur Schall und Rauch für Sie – Sie ignorieren einfach in allen Rechnungen den Nettopreis und die Mwst. und buchen (und zahlen) einfach immer nur den Endpreis (und auch in Ihre eigenen Rechnungen schreiben Sie keinerlei Mwst. hinein). Es werden also keinerlei Umsatzsteuerkonten bebucht, Sie müssen keine Mwst. ans Finanzamt abführen – bekommen aber auch keine erstattet!

Wann bzw. warum sollte man also diese „Kleinunternehmerregelung" anwenden? Wenn Sie mich fragen: Gar nicht. Denn es gibt eigentlich nur einen einzigen Fall, in dem diese – einigermaßen – sinnvoll ist: Wenn Sie a) vorwiegend Privatkunden haben und b) vorwiegend Dienstleistungen (also keinen Warenhandel) anbieten. Denn dann können Sie rund 16% billiger sein als Ihre Konkurrenz (indem Sie in Ihren Rechnungen die 19% Mwst. weglassen). In allen anderen Fällen bringt die Kleinunternehmerregelung meiner Meinung nach eher nichts:

- Wenn Sie Warenhandel betreiben, kaufen Sie gewöhnlich „inkl. Mwst." ein. Als Kleinunternehmer bekommen Sie diese aber nicht vom Finanzamt erstattet (und müssen sie daher in Ihre Endkundenkalkulation mit einfließen lassen), haben also kaum einen Preisvorteil.

- Wenn Sie Unternehmerkunden haben, schlagen Sie auf Ihre Rechnungen einfach die 19% Mwst. drauf – Ihre Unternehmerkunden juckt das nicht, da diese die Mwst. ja vom Finanzamt wieder erstattet bekommen.

- Unternehmerkunden sind es immer noch nicht wirklich gewohnt, Rechnungen ohne Mwst. zu erhalten, und fragen vor der Zahlung u.U. erst noch einmal bei Ihnen nach. Oder schlimmer: Ihr Unternehmerkunde behauptet, der Preis wäre „inkl. Mwst." vereinbart gewesen und will Ihnen jetzt rund 16% weniger zahlen (den fiktiven Nettobetrag einer ebenso fiktiven Rechnung inkl. Mwst.). Ein Hinweis in Ihren Angeboten und Rechnungen à la „Ein Mwst.-Ausweis erfolgt gemäß § 19 UStG nicht" hilft zwar manchmal, aber auch nicht immer.

- Woher soll man seinen „voraussichtlichen Umsatz" im laufenden Jahr (bis zu 50.000 €) so genau bestimmen können? Am Ende wird es doch mehr, und Sie müssen ohnehin zur „Regelbesteuerung" umsatteln (und Ihre Preise zu diesem Zeitpunkt schlagartig um 19% verteuern, wenn Sie nicht weniger als bisher verdienen wollen – was werden Ihre Kunden dazu sagen?). Schlimmstenfalls müssen Sie sogar noch rückwirkend Rechnungen mit Mwst. korrigieren (entweder „zzgl." – da haben Sie Glück, wenn ein Kunde das nachzahlt –, oder „inkl.", dann verdienen Sie nachträglich ca. 16% weniger). Das erzeugt alles Ärger, den man vermeiden kann, wenn man gleich mit der Regelbesteuerung anfängt.

- Möglicherweise haben Sie Schwierigkeiten, als Kleinunternehmer eine Umsatzsteuer-ID-Nummer zu erhalten. Rein steuerlich brauchen Sie die als Kleinunternehmer normalerweise auch nicht, aber neben dem internationalen Handel (wofür die ID ursprünglich gedacht war) betrachten viele Firmen die USt-ID heutzutage als Nachweis der Unternehmereigenschaft. Und in etlichen Fällen kann man Geschäftspartnern die USt-ID statt seiner (privaten) Steuernummer angeben (die man doch eher geheim halten sollte).

- Last but not least ist das ganze auch ein Rechenexempel: Gerade bei der Geschäftseröffnung stehen ja oft größere Anschaffungen an; wenn Sie z.B. für Ihre Büroausstattung (Möbel, Computer, Kopierer, Drucker, Telefonanlage etc.) 12.000,- € zzgl. 19% Mwst. ausgegeben haben, erhalten Sie diese Mwst. (also 2.280 €) postwendend vom Finanzamt zurück – als Kleinunternehmer dagegen nicht!

Langer Rede kurzer Sinn: Überlegen Sie sich sehr genau, ob Ihr Geschäft tatsächlich ein so „spezieller Spezialfall" ist, der die Kleinunternehmerregelung rechtfertigt. In allen anderen Fällen kreuzen Sie den „Verzicht auf die Kleinunternehmerregelung" an. (An diesen Verzicht sind Sie übrigens fünf Jahre lang gebunden.)

8.3 Differenzbesteuerung

Falls Sie nicht ohnehin Kleinunternehmer sind, gibt es noch eine (weithin unbekannte) Möglichkeit der Umsatzbesteuerung, die ich hier nur der Vollständigkeit halber erwähnen möchte: die Differenzbesteuerung.

Die Details können Sie in § 25a UStG selbst nachlesen; im wesentlichen geht es um folgendes: Wenn Sie mit Ware handeln, die Sie selbst ohne Mwst. eingekauft haben (z.B. von einem Privatmann, also Nichtunternehmer, oder auch von einem Kleinunternehmer, siehe letzter Abschnitt), brauchen Sie nicht auf Ihren tatsächlichen Verkaufspreis 19% Mwst. aufschlagen, sondern lediglich auf die Differenz zwischen Verkaufs- und Einkaufspreis. Diese (verminderte) Mwst. dürfen Sie allerdings nicht in Ihre Rechnung schreiben (sondern nur ans Finanzamt abführen); in Ihre Rechnung schreiben Sie stattdessen „Mwst. wird gemäß § 25a UStG nicht ausgewiesen" o.ä.

Im wesentlichen betrifft das hauptsächlich Flohmärkte, Handel mit Gebrauchtwaren usw.: Sie kaufen also beispielsweise von einem Privatmann eine Puppe für 100 € (natürlich ohne Mwst.) und verkaufen diese auf einem Flohmarkt für 200 € an einen anderen Privatmann weiter. Normalerweise würde der Verkauf der vollen Umsatzsteuer unterliegen (also 200 € „inkl. 19% Mwst."), und Sie müssten diese 19%, also 31,93 €, ans Finanzamt abführen. Netto blieben Ihnen damit 168,07 € übrig, macht abzüglich des Einkaufspreises von 100 € einen Gewinn von 68,07 €.

Wenden Sie auf den Verkauf allerdings die Differenzbesteuerung an, entsteht die Steuer nur auf die Differenz zwischen Verkaufs- und Einkaufspreis, hier also 100 €, mithin 19 €. Ihr Gewinn beträgt in diesem Fall also 200 € minus die ans Finanzamt abgeführten 19 € minus Einkaufspreis 100 €, macht 81 €.

Im Prinzip können Sie bei jeder einzelnen Lieferung entscheiden, ob Sie die Differenzbesteuerung (falls zulässig) anwenden oder nicht; natürlich gibt es auch hier zahlreiche Ausnahmen und andere Fallstricke, die Sie am besten selbst in § 25a UStG nachlesen. Bei Anwendung der Differenzbesteuerung sind genaue Aufzeichnungen über die Waren und Beträge unerlässlich!

8.4 Soll- und Istversteuerung

Kommen wir nun zu einer anderen Auswahlmöglichkeit, die Sie bei der Geschäftseröffnung gefragt werden: Wollen Sie nach vereinbarten oder vereinnahmten Entgelten versteuern?

Ohne „Behördendeutsch" heißt das:

- Wenn Sie die Umsatzsteuer nach „vereinbarten Entgelten" anmelden, müssen Sie Ihre steuerpflichtigen Umsätze in dem Monat in Ihre Umsatzsteuervoranmeldung schreiben, in dem Sie auch die Rechnungen an Ihre Kunden erstellt haben (unabhängig davon, wann diese die Rechnungen bezahlen werden). Dies nennt man kurz auch „Sollversteuerung".

- Bei einer Anmeldung nach „vereinnahmten Entgelten" melden Sie die Umsatzsteuer erst in dem Monat an, in dem Ihr Kunde auch tatsächlich bezahlt hat (kurz: „Istversteuerung").

Die Istversteuerung ist nur unter bestimmten Voraussetzungen möglich, die in § 20 UStG angegeben sind. Wenn Sie nicht gerade Schriftsteller, Arzt, Anwalt etc. sind (diese sogenannten „freien Berufe" – die nichts mit einer „freiberuflichen" Tätigkeit zu tun haben! – sind in § 18 EStG aufgezählt) oder sonst vom Finanzamt von der Buchführung befreit sind, können Sie – also in einem normalen Gewerbebetrieb – die Istversteuerung bis zu einem Jahresumsatz von 500.000 € (im vorangegangenen Kalenderjahr) durchführen.

Der Vorteil der Istversteuerung erschließt sich natürlich auf den ersten Blick: Sie müssen keine Mwst. ans Finanzamt abführen, die Sie von Ihren Kunden noch gar nicht erhalten haben.

Auf den zweiten Blick kann man das ganze allerdings auch etwas differenzierter sehen:

- Müssen Sie denn bei Sollversteuerung tatsächlich Mwst. ans Finanzamt abführen, die Sie noch gar nicht erhalten haben? Mit Dauerfristverlängerung (siehe nächster Abschnitt), die üblicherweise eigentlich jedes Unternehmen in Anspruch nimmt, ist die abzuführende Mwst. erst am 10. des Folge-Folge-Monats fällig, also (je nach Tag der Rechnungsstellung) etwa zwischen *sechs* und *zehn* Wochen nach dem Rechnungsdatum! Wenn Sie Kunden haben, die Ihre Rechnungen grundsätzlich erst nach einem halben Jahr bezahlen, mag das eine Rolle spielen, aber solange Ihre Kunden üblicherweise nach spätestens sechs bis zehn Wochen überweisen, ist die Mwst., die Sie ans Finanzamt abführen müssen, ja doch schon auf Ihrem Konto (und sie liegt auch nicht so lange darauf herum – denn dann müssen Sie auch nicht so lange daran denken, dass das Geld ja eigentlich gar nicht Ihnen, sondern dem Finanzamt gehört, und geben es inzwischen auch nicht versehentlich anderweitig aus).

- Mit Istversteuerung wird Ihre Buchführung komplizierter und stellt erhöhte Anforderungen an Ihre Fibu-Software. Wie weiter oben im Kapitel „Ausgangsrechnungen" erläutert, wird eine Ausgangsrechnung bei der Buchung auf der Habenseite automatisch auf Erlös- und Umsatzsteuerkonto aufgeteilt. Nun ist aber bei Istversteuerung die Umsatzsteuer ja noch gar nicht fällig. Also muss Ihr Fibu-Programm in der Konfiguration „Istversteuerung" die Umsatzsteuer nicht auf „Umsatzsteuer

19%" 1776 (3806) buchen, sondern auf „Umsatzsteuer nicht fällig 19%" 1766 (3816). Und wenn Ihr Kunde zahlt, muss es die Umsatzsteuer von ebendiesem Konto 1766 (3816) auf 1776 (3806) umbuchen – eine zusätzliche Buchung, die Sie mit Sollversteuerung nicht hätten. Und falls Sie Bücher und Computer zusammen verkaufen, muss Ihr Fibu-Programm bei der Zahlung auch noch wissen, welcher Anteil des überwiesenen Betrags mit 7% (Bücher) und welcher mit 19% (Computer) besteuert wurde ... und einen zusätzlichen Bilanzposten („Umsatzsteuer nicht fällig") haben Sie auch noch.

Da ich die im letzten Absatz beschriebenen Verrenkungen als ziemlich umständlich, unübersichtlich, kompliziert und fehlerträchtig empfinde (und meine Kunden i.d.R. durchaus nach sechs bis zehn Wochen meine Rechnungen bezahlen), wende ich die Sollversteuerung an – das erleichtert die Buchführung ungemein.

Auf der anderen Seite haben Sie, falls Rechnungsstellung und Zahlung nicht im selben Monat (bzw. Quartal, je nach Intervall der Umsatzsteuervoranmeldung) stattfinden, bei Istversteuerung im Durchschnitt mehr Liquidität (also: Geld) auf Ihrem Bankkonto. Wenn das für Sie eine Rolle spielt (hier gibt es wieder große Unterschiede zwischen reinen Dienstleistern und Warenhändlern, die ja besagtes Geld erst einmal für ihren Wareneinkauf ausgeben müssen), können Sie die Istversteuerung trotz des größeren Verwaltungsaufwands in Betracht ziehen.

Falls Sie sich aufgrund der obigen Erwägungen für die Istversteuerung entschieden haben (natürlich vorausgesetzt, diese ist in Ihrem Fall gesetzlich zulässig, siehe oben), prüfen Sie unbedingt mit ein paar Testbuchungen in Ihrer Fibu-Software, ob die oben beschriebene Umbuchung der Umsatzsteuer korrekt stattfindet ...

... falls Ihre Software die Kombination „Istversteuerung / Bilanz" überhaupt zulässt! Denn viele Fibu-Programme (und auch viele Unternehmer selbst) setzen „EÜR = Istversteuerung" und „Bilanz = Sollversteuerung" gleich; dabei hat das eine mit dem anderen RGN (Rein Gar Nichts) zu tun! Natürlich gibt es diese beiden erwähnten Kombinationen wesentlich häufiger als „EÜR / Sollversteuerung" oder „Bilanz / Istversteuerung", aber technisch, rechtlich und steuerlich ist das voneinander völlig unabhängig. Achten Sie also zuallererst darauf, ob Sie in Ihrer Fibu-Software diese beiden Einstellungen überhaupt unabhängig voneinander konfigurieren können oder ob die Auswahl „EÜR oder Bilanz" irgendwie mit der Auswahl „Soll- oder Istversteuerung" verquickt ist.

Eine weitere Unsitte mancher Fibu-Programme ist ferner, dass die „Istversteuerung" stillschweigend auch auf *Eingangsrechnungen* angewandt wird, d.h. die in Ihren Eingangsrechnungen enthaltene Mwst. wird erst in dem Monat zur Vorsteuererstattung beim Finanzamt angemeldet, in dem Sie die Rechnung auch tatsächlich bezahlen. Dies ist kompletter Unsinn: Soll- oder Istversteuerung bezieht sich *nur* auf die *vereinnahmte* Mwst. und hat mit *bezahlter* Mwst. RGN (Rein Gar Nichts) zu tun. Gemäß § 15 UStG können Sie die Vorsteuererstattung anmelden, wenn Ihnen die Rechnung vorliegt *und* entweder die Leistung erbracht wurde oder die Rechnung bereits bezahlt wurde (oder natürlich beides).

An dieser Stelle auch nochmals der Hinweis, dass unabhängig von Soll- oder Istversteuerung immer noch der Steuersatz des Leistungszeitpunkts angewandt werden muss: Für eine Lieferung oder Leistung im Dezember 2006 musste immer eine Rechnung mit 16% Mwst. ausgestellt werden, auch wenn die Rechnung erst im Januar 2007 (als schon 19% galten) ausgestellt wurde und/oder die Zahlung erst 2007 geleistet wurde.

8.5 Dauerfristverlängerung

Die entstandene Umsatzsteuer müssen Sie i.d.R. monatlich oder vierteljährlich in einer sogenannten *Umsatzsteuervoranmeldung* ans Finanzamt „ELSTERn". Wie das genau geht, finden Sie weiter unten im Abschnitt „Umsatzsteuervoranmeldung". Da diese Voranmeldungen immer bis zum 10. des Folgemonats ans Finanzamt gesandt werden müssen, sind Sie bis dahin vielleicht noch nicht zur Fertigstellung Ihrer Buchungen gekommen (auch ein Unternehmer macht schließlich einmal Urlaub). Ich halte es daher für sinnvoll, jährlich eine Dauerfristverlängerung zu beantragen (bis zum 10. Februar eines jeden Jahres), wodurch sich der Abgabezeitpunkt um einen Monat nach hinten verschiebt, d.h. die Voranmeldung für Januar ist dann nicht am 10. Februar, sondern erst am 10. März fällig (und ebenso die Zahlung dafür).

Ganz umsonst gibt es diese Fristverlängerung allerdings nicht: Mit dem Antrag auf Dauerfristverlängerung wird (am

10. Februar) eine Vorauszahlung in Höhe von 1/11 der Summe der Voranmeldungen des Vorjahrs fällig (die mit der Dezember-Voranmeldung verrechnet wird). Im Prinzip ist das zwar durchaus ein „Darlehen" gegenüber dem Finanzamt, entspricht aber ungefähr der Höhe der Vorauszahlung, die Sie ohne Dauerfristverlängerung ohnehin hätten leisten müssen (ok, gut, korrekt wäre 1/12 gewesen; das Finanzamt rechnet eben mit steigenden Umsätzen und kassiert stattdessen 1/11). Im „eingeschwungenen Zustand" leisten Sie später allerdings einfach weiterhin jeden Monat Ihre Umsatzsteuerzahlung (nur dass diese eben für den Vor-Vor-Monat statt für den Vormonat ist – aber das fällt irgendwann gar nicht mehr auf). Ich empfehle daher stets die Anwendung der Dauerfristverlängerung!

Falls Sie nur vierteljährliche Vorauszahlungen machen müssen, ist weder die 1/11-Vorauszahlung noch eine jährliche Wiederholung des Antrags auf Dauerfristverlängerung nötig (aber „einmal im Leben" müssen Sie ihn schon stellen!).

8.6 Ausland

Falls Sie grenzüberschreitende Geschäfte machen, müssen Sie darauf achten, wer wann warum an welches Land wie viel Umsatzsteuer anmelden und abführen muss. Das ganze internationale Umsatzsteuersystem ist zwar in sich ziemlich logisch aufgebaut (insbesondere innerhalb der EU), aber für Anfänger oft verwirrend und schwer durchschaubar. Daher gibt es hier einige ausführliche Erläuterungen dazu. (Wenn Sie die Theorie dahinter nachlesen wollen, können Sie nach „Mehrwertsteuersystemrichtlinie", abgekürzt „MwStSystRL", googeln, aber das ist nur etwas für echte Masochisten.)

Der wichtigste Punkt ist generell: Die Umsatzsteuer entsteht am *Ort der Leistung*. Dieser Ort ist nun allerdings nicht (immer) dort, wo man denkt, dass er sein könnte oder müsste, sondern dort, wo er vom Umsatzsteuergesetz festgelegt wird. Wenn Sie viel Zeit und Lust haben, können Sie dort einmal insbesondere in der Gegend von § 3a und § 13b herum schnuppern – dort stehen sehr viele erhellende (und leider oft auch verwirrende) Dinge.

Insbesondere bei „Sonstigen Leistungen" (das ist alles, wobei kein Postpaket verschickt wird) ist der Ort der Leistung seit einiger Zeit fast immer am Ort des Leistungsempfängers, also z.B. bei Ihrem österreichischen Kunden, der Software von Ihnen kauft, indem er sie von Ihrem Server herunterlädt. Also fällt folgerichtig (derzeit 20%) *österreichische* Mehrwertsteuer an. Wer diese österreichische Mehrwertsteuer an wen zahlt und wie das alles in der Praxis funktioniert, erfahren Sie in den folgenden Abschnitten.

8.6.1 Rechnungen aus dem Ausland

Stellen Sie sich vor, Sie kaufen irgendwo Computersoftware ein. Diese Software können Sie sich als Postpaket schicken lassen (z.B. wenn dicke Handbücher mitgeliefert werden); Sie können sie aber möglicherweise auch als Download vom Server des Lieferanten herunterladen (=2 Möglichkeiten). Und dann kann der Lieferant seinen Sitz in Deutschland haben, in einem anderen EU-Land oder im „Rest der Welt" (=3 Möglichkeiten). Da jede beliebige

Kombination davon möglich ist, ergeben sich insgesamt 6 verschiedene Varianten, die (fast) alle unterschiedlich zu buchen sind, unterm Strich (d.h. was Ihre abziehbaren Betriebsausgaben betrifft) aber das gleiche Ergebnis liefern.

8.6.1.1 Lieferant in Deutschland

In diesem Standardfall ist es egal, ob der Lieferant Ihnen ein Postpaket oder einen Download schickt: Sie zahlen die Rechnung an den Lieferanten inkl. 19% Mwst. und buchen die Rechnung wie im Kapitel „Eingangsrechnungen" beschrieben (z.B. auf das Konto 4980 (6850) „Sonstiger Betriebsbedarf", wenn es sich um eine 9,95 €-Shareware handelt, oder auch 0027 (0135) „EDV-Software", wenn es sich um ein 3.000 €-Entwicklungssystem handelt, das Sie auf mehrere Jahre abschreiben müssen). Mit dem Steuerschlüssel für den Regelsteuersatz (19%) landet die enthaltene Mwst. auf dem Fibu-Konto „Abziehbare Vorsteuer 19%" 1576 (1406) und später in Feld 66 der Umsatzsteuervoranmeldung, wie bei allen anderen Einkäufen auch.

8.6.1.2 Lieferant in EU, Lieferung als Postpaket

In diesem Fall müssen Sie dem Lieferanten bei der Bestellung Ihre USt-ID mitteilen („DE" und neun Ziffern, erhältlich beim BZST, siehe Links im letzten Kapitel). Sie erhalten dann von Ihrem Lieferanten einen sogenannten „Innergemeinschaftlichen Erwerb" (mit einer Rechnung *ohne* Mwst.), den Sie selbst versteuern müssen (d.h. die Mwst. wird nicht von Ihrem Lieferanten abgeführt, sondern von Ihnen selbst; natürlich können Sie auch diese Mwst. im

Rahmen der sonstigen Voraussetzungen als Vorsteuer abziehen, wie bei „deutschen" Einkäufen auch). Wie das in Ihrer Fibu-Software geht, hängt vom jeweiligen Programm ab: Entweder Sie können beim zugehörigen Kostenkonto, z.B. „Betriebsbedarf" 4980 (6850), unmittelbar den entsprechenden EU-Steuerschlüssel angeben, oder Sie verwenden das dafür standardmäßig eingerichtete Konto „Innergemeinschaftlicher Erwerb 19% Vorsteuer und 19% Umsatzsteuer" 3425 (5425) (das vermutlich den passenden Steuerschlüssel voreingestellt hat). Beachten Sie dazu allerdings den Abschnitt „Fibu-Konten und EU-Umsatzsteuer" weiter unten.

In der Umsatzsteuervoranmeldung landet der Kaufpreis in Feld 89 und die Steuer in Feld 61.

So ist das ganze eigentlich gedacht. Nun gibt es leider (große) Versender, die sich nicht um Ihre USt-ID kümmern und Ihnen das Paket mit 19% (deutscher) Mwst. berechnen. In diesem Fall können Sie so buchen, als ob der Lieferant in Deutschland säße – denn dann liegt der Jahresumsatz des Versenders über der „Lieferschwelle", d.h. er muss ohnehin die Mwst. des Landes des Kunden berechnen (und dorthin abführen) – also die deutsche.

Ein Problemfall sind lediglich Postpakete mit z.B. belgischer Mwst. Rein theoretisch können Sie sich die zwar im sogenannten „Umsatzsteuer-Vergütungsverfahren" beim BZST erstatten lassen, aber i.d.R. gelten dort Mindesterstattungsbeträge von 50 €, und das Verfahren erfordert eine Anmeldung und ist recht kompliziert. Da sollten Sie vielleicht doch lieber erst mit Ihrem Lieferanten Kontakt aufnehmen und um eine Rechnungskorrektur bitten. Falls diese nicht möglich ist, müssen Sie die belgische Mwst. eben mit zu den Kosten buchen (also einfach den Rechnungsendbetrag inkl. belgischer Mwst. auf das Kostenkonto und fertig).

8.6.1.3 Lieferant in EU, Lieferung als Download

Hier gilt größtenteils das im letzten Abschnitt Gesagte, lediglich die Konten sind anders, da es sich um eine „Sonstige Leistung" handelt (salopp gesagt ist alles, was man nicht anfassen kann, eine „Sonstige Leistung"; insbesondere „elektronische Leistungen" wie Software-Downloads, Domain- und Hostingkosten und derlei mehr).

Auch hier gilt wieder: Entweder Sie haben die Möglichkeit, das Aufwandskonto unmittelbar mit einem entsprechenden Steuerschlüssel zu bebuchen, oder Sie verwenden das speziell dafür eingerichtete Konto 3123 (5923).

In der Umsatzsteuervoranmeldung landet der Kaufpreis in diesem Fall in Feld 46 und die Steuer in den Feldern 47 und 67.

Auch hier gelten die Anmerkungen aus dem letzten Absatz zu fehlerhaft ausgestellten Rechnungen, und auch hier lesen Sie bitte den Abschnitt „Fibu-Konten und EU-Umsatzsteuer" weiter unten.

8.6.1.4 Lieferant weltweit, Lieferung als Postpaket

In diesem Fall buchen Sie die Rechnung Ihres Lieferanten ohne jegliche Umsatzsteuer einfach auf das jeweilige Aufwandskonto – denn die Steuer heißt in diesem Fall „Einfuhrumsatzsteuer" und wird Ihnen nicht vom Lieferanten, sondern vom Transporteur (Post, DHL, UPS etc.) in Rechnung gestellt. Buchen Sie diese „EUSt" auf das Fibu-Konto 1588 (1433) (im Soll; als Haben-Gegenkonto verwenden Sie den jeweiligen Transporteur).

In der Umsatzsteuervoranmeldung landet die EUSt im Feld 62.

8.6.1.5 Lieferant weltweit, Lieferung als Download

Nachdem Sie in diesem Fall nichts „anfassen" können, handelt es sich im Prinzip um den gleichen Fall bei bei einem Download aus der EU (also eine „Sonstige Leistung"), nur dass Sie hier – falls Sie keinen Steuerschlüssel direkt beim Kostenkonto benutzen können – das Kostenkonto 3125 (5925) bebuchen.

In der Umsatzsteuervoranmeldung landet der Kaufpreis in diesem Fall in Feld 52 und die Steuer in den Feldern 53 und 67.

Auch hier gelten die obigen Anmerkungen zu fehlerhaft ausgestellten Rechnungen, und auch hier lesen Sie bitte den Abschnitt „Fibu-Konten und EU-Umsatzsteuer" weiter unten (auch wenn es sich in diesem Fall nicht um einen EU-Lieferanten handelt, aber es geht um die gleiche Problematik).

8.6.1.6 Fibu-Konten und EU-Umsatzsteuer

Solange Sie nur Vorsteuer buchen (deutsche oder Einfuhrumsatzsteuer), können Sie alle Kostenkonten wie gewohnt direkt mit dem passenden Steuerschlüssel bebuchen – das funktioniert einfach „wie immer".

Problematisch kann es werden, wenn (abzuführende) Umsatzsteuer hinzukommt, wie oben beschrieben bei den Konten 3425 (5425), 3123 (5923) und 3125 (5925). Diese Konten funktionieren in Ihrer Fibu-Software vermutlich per Voreinstellung bereits richtig, sind aber in der Kontenklasse 3 (5) angesiedelt, die eigentlich für den Wareneingang zuständig ist, also für Handelsware, die Sie an Ihre Endkunden weiterverkaufen.

Wenn Sie nun aber z.B. Software für den Eigenbedarf einkaufen, wäre es „richtiger", die auch auf das zugehörige Konto zu buchen, d.h. wo Sie sie auch buchen würden, wenn Sie sie in Deutschland eingekauft hätten, also eben auf 4980 (6850) oder bei größeren Beträgen auf 0027 (0135).

Wenn Sie eine Fibu-Software haben, die die Felder in der Umsatzsteuervoranmeldung anhand der Steuerschlüssel der einzelnen Buchungen befüllt, dann funktioniert das auch – einfach so. Buchen Sie Ihr 3.000 €-Software-Entwicklungssystem einfach auf 0027 (0135) und geben Sie dazu den passenden Steuerschlüssel an – fertig.

Leider gehen viele – insbesondere Low-Cost- – Fibu-Programme einen einfacheren Weg und ordnen die Felder der Umsatzsteuervoranmeldung fest bestimmten Konten zu, z.B. das Feld 81 den Konten 8400-8409 (4400-4409), also „Erlöse 19% USt". In diesem einfachen Fall ist das auch völlig legitim (da Sie diese Konten definitionsgemäß niemals ohne USt bebuchen).

Diese Konstruktion wird aber in dem Moment untauglich, in dem Sie Kostenkonten *teilweise* mit (abzuführender) Umsatzsteuer bebuchen. Beispiel: Wenn Sie irgendeine 10 €-Trivialsoftware (die Sie aus Deutschland auf 4980 (6850) buchen würden) als „Sonstige Innergemeinschaftliche Leistung" von einem belgischen Server herunterladen, müssen in der Umsatzsteuervoranmeldung die 10 € im Feld 46 stehen und die 19% Mwst. in den Feldern 47 und 67. Letzteres ist unproblematisch, aber sie können nun nicht das ganze Konto 4980 (6850) in das Feld 46 schreiben, da Sie dort ja auch noch andere Kosten gebucht haben (die Sie in Deutschland „verursacht" haben).

Leider gibt es für diese Problematik keine „schöne" Lösung, nur eine unschöne und eine noch unschönere – entscheiden Sie sich für eine von beiden:

- Wenn Sie nur wenige bestimmte (und immer die gleichen) Leistungen aus der EU „importieren", können Sie neben den Standardkonten weitere Konten definieren und diesen die entsprechenden Felder in der Umsatzsteuervoranmeldung zuweisen. Im obigen Beispiel könnten Sie 4981 (6851) einführen, es „Betriebsbedarf aus EU" nennen und in Feld 46 der Umsatzsteuervoranmeldung schreiben. Das ist eine recht einfache Lösung, hat allerdings zwei Haken: Zum einen muss (falls Sie Ihre Buchungen dorthin exportieren) Ihr Steuerberater mit diesen „Spezialkonten" zurechtkommen (sprechen Sie also auf jeden Fall vor einer solchen Hilfskonstruktion mit ihm!), und zum andern müssen Sie diese Bastelei für *jedes* Kostenkonto machen, das davon betroffen ist (z.B. „Bürobedarf aus EU", „Software aus EU", „Geschäftsausstattung aus EU" und derlei mehr – das wird bei vielen beteiligten Konten recht umständlich und auch nicht eben übersichtlicher).

- Die andere Lösung (die ich selbst verwende) ist, zunächst für alle derartigen Buchungen die o.a. Standardkonten in der Kontenklasse 3 (5) zu verwenden, den Nettobetrag danach jedoch mit einer weiteren Buchung (ohne Steuerfunktion) auf das „endgültige" Kostenkonto umzubuchen. Dann stimmt wenigstens die Kontenklasse 3 (5) als Gesamtsumme (z.B. 0 €, wenn Sie gar nicht mit Waren handeln), und die Kosten sind letztendlich auch noch auf dem richtigen Konto. Sie müssen dazu lediglich ein freies Konto in der Klasse 3 (5) finden, von dem Sie den Nettobetrag umbuchen können. Für „körperliche" Lieferungen können Sie dazu notfalls das Konto 3960 (5880) verwenden; für „Sonstige Leistungen" irgendetwas unbelegtes wie z.B. 3199 (5999). Die erwähnte (heruntergeladene) 10 €-Software aus Belgien würden Sie dann zunächst auf das Standardkonto 3123 (5923) buchen (wodurch automatisch die Umsatzsteuer stimmt), und danach würden Sie eine zusätzliche Buchung (ohne Steuerfunktion) über 10 € auf 4980 (6850) an 3199 (5999) machen. Dann haben Sie die Kosten in der Klasse 4 (6) auf „Betriebsbedarf", und die Kontenklasse 3 (5) mit den Handelswaren ist wieder null.

Wie gesagt: Diese ganzen Verrenkungen sind nur dann nötig, wenn Ihre Fibu-Software die Belegung der Felder in der Umsatzsteuervoranmeldung nicht anhand der Steuerschlüssel der individuellen Buchungen, sondern unmittelbar an den Konten selbst festmacht. Ob das bei Ihnen der Fall ist, sollten Sie also zunächst ermitteln (mit Testbuchungen oder besser einem Testmandanten, falls Ihre Fibu-Software mandantenfähig ist).

8.6.2 Rechnungen in das Ausland

Kommen wir nun zum umgekehrten Fall: Sie stellen Rechnungen in das Ausland. Die sind zwar einfacher zu buchen, aber komplizierter zu verwalten (aufgrund diverser nötiger Meldungen an die Finanzverwaltung, die Ihnen aber – zumindest teilweise – Ihre Fibu-Software erstellen kann). Und Sie müssen – in bestimmten Fällen – unterscheiden, ob Sie an einen Privatkunden oder an einen Unternehmer (für sein Unternehmen) liefern bzw. leisten. Da die genauen steuerlichen Regelungen von vielen unterschiedlichen Faktoren abhängen (Art der Leistung, Ort der Leistung wie er im UStG definiert ist, Höhe des Jahresumsatzes mit einem bestimmten Land, EU oder nicht, Art des Leistungsempfängers u.v.m.), empfiehlt es sich, für Ihre typischen Geschäftsvorfälle die verbindliche Auskunft eines Steuerberaters einzuholen, damit Sie nicht etwa jahrelang mit Ihren Buchungen „danebenliegen". Im folgenden daher nur ein paar einfache Beispiele (die zum Zeitpunkt der Erstellung dieses Buches gültig waren; da sich auch die Rechtsprechung mit der Zeit immer wieder ändert, sollten

Sie stets ein waches Auge auf relevante Pressemitteilungen, BMF-Schreiben, IHK-Nachrichten etc. haben).

Gehen wir wieder vom Beispiel der Eingangsrechnungen aus: Sie verkaufen Software, die Sie Ihren Kunden wahlweise als Postpaket (CDROM mit gedrucktem Handbuch) oder auch als Download von Ihrem Server (mit PDF-Handbuch) zur Verfügung stellen.

8.6.2.1 Privatkunde in EU, Lieferung als Postpaket

In diesem Fall buchen Sie die Rechnung ganz simpel wie eine „deutsche" auch (also inkl. 19% Mwst.) – es sei denn, Sie liegen über der „Lieferschwelle". Unter diesem Stichwort (das zu „Versandhandelsregelung" weiterleitet) finden Sie in der Wikipedia allerlei erhellende Informationen. Kurz gesagt lautet die Regel wie folgt: Wenn Sie in ein bestimmtes Land im Laufe eines Kalenderjahrs eine bestimmte (Netto-)Umsatzhöhe überschreiten (die je nach Land unterschiedlich hoch ist und ca. zwischen 25.000 und 100.000 € liegt), müssen Sie (statt der deutschen) die Mwst. des *Empfängerlands* berechnen – und dorthin abführen! Das bringt natürlich einen ganzen Rattenschwanz von Verwaltungsvorgängen mit sich: Sie müssen sich im Empfängerland steuerlich registrieren (möglicherweise benötigen Sie dazu noch einen *Fiskalvertreter*, also einen lokalen Anwalt, Steuerberater oder Wirtschaftsprüfer), die Steuern im Empfängerland anmelden und natürlich auch dorthin abführen.

Ein gutes Beispiel für diesen Vorgang ist Amazon, das seine Rechnungen zwar in Luxemburg ausstellt, aber pro

Jahr natürlich weit mehr als 100.000 € Umsatz mit deutschen Privatkunden macht: Daher finden Sie als deutscher Privatkunde auf Amazon-Luxemburg-Rechnungen stets 19% deutsche Mwst. (die Amazon Luxemburg selbstverständlich auch nach Deutschland abführt).

Falls Sie unter der Lieferschwelle bleiben, sollten Sie die Erlöse (trotz identischer Steuerpflicht) zur Abgrenzung von deutschen Umsätzen auf das Konto 8315 (4315) „Erlöse aus im Inland steuerpflichtigen EU-Lieferungen 19% USt" buchen (die Umsatzsteuer müsste dann automatisch auf dem Konto 1778 (3807) „Umsatzsteuer aus im Inland steuerpflichtigen EU-Lieferungen 19%" landen); falls Sie über die Lieferschwelle kommen und die Umsatzsteuer im Empfängerland berechnen und abführen müssen, verwenden Sie das Konto 8320 (4320) „Erlöse aus im anderen EU-Land steuerpflichtigen Lieferungen", wobei die Umsatzsteuer auf dem Konto 1767 (3817) „Umsatzsteuer aus im anderen EU-Land steuerpflichtigen Lieferungen" landen müsste. Beachten Sie dabei, dass die Umsatzsteuer je nach Land natürlich unterschiedlich hoch ist, so dass auf dem Umsatzsteuerkonto ein Sammelsurium von unterschiedlichen Umsatzsteuerhöhen für unterschiedliche Länder entsteht. „Kleine" Fibu-Programme haben dafür i.d.R. *keine* Verwaltung eingebaut, so dass Sie (z.B. mit einer separaten Tabellenkalkulation) eine „Nebenbuchhaltung" führen müssen, damit Sie noch wissen, wie viel Umsatzsteuer Sie an welches Land abführen müssen.

8.6.2.2 Unternehmer in EU, Lieferung als Postpaket

Wenn Sie Ihre Software als Postpaket an einen Unternehmerkunden in der EU versenden, fragen Sie ihn nach seiner Umsatzsteuer-ID-Nummer (falls er diese nicht ohnehin schon bei seiner Bestellung angegeben hat). Wenn er Ihnen keine gibt oder keine hat (es gibt auch im Ausland juristische Körperschaften ohne „echten" Unternehmerstatus, evtl. Vereine o.ä.), ist es ganz einfach für Sie: Sie behandeln diesen Kunden ganz genau so wie einen EU-Privatkunden im letzten Abschnitt – ohne Ausnahme.

Wenn Sie die USt-ID Ihres Kunden haben, müssen Sie sie auf Gültigkeit prüfen (d.h. ob Name und Adresse stimmen und ob die USt-ID zum Zeitpunkt der Lieferung überhaupt gültig ist). Das erledigen Sie auf der BZST-Website (Link im letzten Buchkapitel), indem Sie zunächst nur die USt-ID Ihres Kunden (und Ihre eigene) eingeben. Werden beide USt-IDs als gültig erkannt, geben Sie weiterhin Name und Anschrift Ihres Kunden ein (um eine „qualifizierte Prüfung" durchzuführen) und lassen sich schließlich bei positivem Resultat den Prüfungsbescheid schriftlich zustellen (den Sie dann in Ihren Akten mit zur Rechnung nehmen, als Nachweis über die erfolgte – und erfolgreiche – Prüfung).

Falls Sie mit Name und Adresse Ihres Kunden bei der qualifizierten Prüfung auf gar keinen grünen Zweig kommen (der BZST-Server ist zwar durchaus fehlertolerant, aber manchmal verzweifelt man schier an der korrekten Eingabe ausländischer Firmenbezeichnungen und/oder Adressen), können Sie die USt-ID auch auf dem Server der Europäischen Kommission prüfen (Link im letzten Buchkapitel); hier erhalten Sie – im Gegensatz zur BZST-Website –

für die meisten Länder auch gleich die richtige Schreibweise von Firmenname und Adresse, die Sie schließlich für die qualifizierte Prüfung beim BZST verwenden können (und natürlich für Ihre Kundendatenbank).

Für beide Prüfungen (beim BZST und der EU-Kommission) gibt es auch Software mit komfortabler Eingabemöglichkeit; evtl. ist diese Funktion sogar in Ihrer Fibu-Software bereits eingebaut. Ein Gratis-Programm des Autors finden Sie bei den Links im letzten Buchkapitel.

An dieser Stelle sollten Sie also eine gültige und geprüfte USt-ID Ihres Kunden vorliegen haben (falls nicht, müssen Sie nachfragen und ihn „schlimmstenfalls" als Privatkunde behandeln wie im letzten Abschnitt beschrieben).

Nun können Sie Ihrem Kunden das Paket schicken und die Rechnung *ohne* Mwst. ausstellen. Dafür müssen in der Rechnung *beide* USt-IDs enthalten sein (die Ihres Kunden und Ihre eigene), sowie ein Hinweis auf „Innergemeinschaftliche Lieferung" bzw. „Reverse Charge" (die Steuerschuldnerschaft des Empfängers), damit Ihr Kunde weiß, dass er diese Sendung selbst versteuern muss (Sie kennen das vom „Innergemeinschaftlichen Erwerb" aus dem letzten Kapitel, bei dem Sie erhaltene „EU-Pakete" ebenfalls selbst versteuern mussten).

Gebucht wird ein solcher Erlös auf das Konto 8125 (4125) „Steuerfreie innergemeinschaftliche Lieferungen". In der Umsatzsteuervoranmeldung finden sich diese Umsätze im Feld 41.

Ganz fertig sind Sie damit allerdings noch nicht: Da der Umsatzsteuerbetrug in den letzten Jahren stark zugenommen hat (Vorsteuererstattung von Umsatzsteuer, die nie abgeführt wurde), fordert der Gesetzgeber für innergemeinschaftliche Lieferungen seit einiger Zeit eine sogenannte *Gelangensbestätigung.* Das ist im Prinzip eine Bescheinigung des Empfängers (oder ersatzweise des Paketdienstes), dass das Paket auch tatsächlich ins Ausland „gelangt" ist. Im Wikipedia-Artikel über die Gelangensbestätigung finden Sie nähere Hinweise sowie Links auf die entsprechenden Gesetze und Verordnungen, so dass ich diese umfangreichen Vorschriften hier nicht noch einmal wiederholen muss. Ohne Gelangensbestätigung laufen Sie Gefahr, dass Ihnen unterstellt wird, dass das Paket in Deutschland geblieben ist, so dass Sie nachträglich die im Umsatz dann fiktiv enthaltene Mwst. von 19% nachversteuern müssten.

Und schließlich und endlich müssen Sie diesen Umsatz (Betrag und USt-ID Ihres Kunden) in die (monatlich oder vierteljährlich abzugebende) *Zusammenfassende Meldung* („ZM") schreiben (und ans Finanzamt „ELSTERn"). Lesen Sie dazu das Kapitel über die ZM weiter unten.

8.6.2.3 Privatkunde in EU, Lieferung als Download

Bei „elektronischen sonstigen Leistungen" (wozu Downloads jeglicher Art zählen, aber auch Domain-Entgelte, Server-Hosting und derlei mehr) ist der Ort der Leistung seit dem Jahr 2015 stets beim Leistungsempfänger definiert. Sie müssen also grundsätzlich die Mwst. des Lands Ihres Kunden berechnen – und natürlich auch dorthin abführen.

(Einschub: Es gibt angesichts der noch jungen Regelung bisher kaum Erfahrungswerte, wie man das prüfen und z.B. in seinem Webshop vernünftig realisieren soll. Denn es könnte ja ein Däne (25% Mwst.) angeben, er wohne in Luxemburg (17% Mwst.), könnte dadurch Ihre Software ein paar Euro billiger herunterladen, und Sie würden die falsche Mwst. ins falsche Land abführen. Überhaupt müssten Sie für jedes Land einen anderen Preis angeben – oder Sie verdienen unterschiedlich viel, wenn Ihr Endpreis inkl. Mwst. für alle Länder gleich ist. Das ist derzeit also noch eine ziemliche Baustelle. Einschub Ende.)

Die Erlöse aus solchen Verläufen buchen Sie auf 8331 (4331) „Erlöse aus im anderen EU-Land steuerpflichtigen elektronischen Dienstleistungen", wobei die Mwst. auf dem Konto 1728 (3798) „Umsatzsteuer aus im anderen EU-Land steuerpflichtigen elektronischen Dienstleistungen" landet (natürlich unterschiedlich hoch je nach Land des Kunden: für Österreich z.B. 20%, für Italien 22% usw.). In der Umsatzsteuervoranmeldung stehen diese Umsätze im Feld 45 „Übrige nicht steuerbare Umsätze (Leistungsort nicht im Inland)"; da die ausländische Mwst. für den deutschen Staat nicht relevant ist, wird diese in der Umsatzsteuervoranmeldung auch nicht angegeben.

Daraus folgt: Hier haben Sie – da es bei elektronischen Leistungen keine „Lieferschwelle" wie bei Postpaketen gibt – *immer* den Fall, dass Sie auf dem Umsatzsteuerkonto ein Sammelsurium aus verschiedenen Steuersätzen für verschiedene Länder haben. Wenn Ihre Fibu-Software das nicht intern verwalten kann (und da das Verfahren noch sehr neu ist, können die meisten Low-Cost-Programme das – zumindest noch – nicht), brauchen Sie auch hier eine „Nebenbuchhaltung", z.B. als Tabellenkalkulation, damit Sie den Überblick behalten, wie viel Steuer Sie an welches Land abführen müssen.

Die gute Nachricht ist: Im Gegensatz zum Überschreiten der Lieferschwelle (bei Postpaketlieferungen) brauchen Sie sich bei elektronischen Leistungen *nicht* in jedem möglichen EU-Land steuerlich anmelden, sondern das BZST ist so nett, die Steuern für alle betroffenen Länder bei Ihnen einzusammeln und nach Ihren Angaben an die jeweiligen Länder zu verteilen. Der Mechanismus dazu heißt „Mini-One-Stop-Shop" („MOSS", oder auch – im „Amtsdeutsch" – „Besteuerungsverfahren der einzigen Anlaufstelle"). Wie das genau funktioniert, erfahren Sie in einem speziellen MOSS-Kapitel weiter unten.

8.6.2.4 Unternehmer in EU, Lieferung als Download

Hier gelten im Prinzip die gleichen Bestimmungen wie bei der Lieferung als Postpaket im Abschnitt weiter oben (insbesondere die Prüfung der USt-ID Ihres Kunden und der Rechnungsinhalt mit beiden USt-IDs und dem Reverse-Charge-Hinweis) – nur die Gelangensbestätigung gibt es in diesem Fall natürlich nicht.

Gebucht werden diese Umsätze auf 8336 (4336) „Erlöse aus im anderen EU-Land steuerpflichtigen sonstigen Leistungen, für die der Leistungsempfänger die Umsatzsteuer schuldet". In der Umsatzsteuervoranmeldung stehen diese Umsätze im Feld 21 „Nicht steuerbare sonstige Leistungen gemäß § 18b Satz 1 Nr. 2 UStG"; ein Steuerausweis erfolgt nicht, da der Leistungsempfänger die Versteuerung selbst vornehmen muss. In der ZM (siehe unten) müssen diese Umsätze als „sonstige Leistung" (zur Abgrenzung von „körperlichen" Lieferungen) markiert werden.

Einen Fallstrick gibt es hier allerdings doch noch: Falls Sie Leistungen erbringen, die zwar in § 3a UStG aufgezählt sind (und bei denen daher der Leistungsort beim Leistungsempfänger liegt und dort die Umsatzsteuer anfällt), die aber „ihrer Art nach mit hoher Wahrscheinlichkeit nicht für das Unternehmen bestimmt sind" (Originaltext BMF-Schreiben vom 30.11.2012), sollten Sie sich *zusätzlich* durch den Leistungsempfänger schriftlich bestätigen lassen, dass die bezogene Leistung für sein Unternehmen bestimmt ist. Dabei handelt es sich um Leistungen, die aufgrund ihrer Art eher für den privaten Bedarf des Unternehmers oder seines Personals bestimmt sein könnten. Dazu zählen z.B. Krankenhausbehandlungen und ärztliche Heilbehandlungen, Kinderbetreuung, Nachhilfeunterricht, Lotterien und Glücksspiele und einige mehr. Das meiste davon sind also ohnehin Dinge, die nur vor Ort durchgeführt werden können; für den EDV-Bereich ist allerdings ausdrücklich auch „Herunterladen von Filmen und Musik" aufgeführt. Sollten Sie also MP3-Downloads verkaufen und ein Kunde schickt Ihnen seine USt-ID und will deswegen eine Rechnung ohne Mwst., sollten Sie sich vom ihm ausdrücklich bestätigen lassen, dass er diese MP3-Dateien für seine unternehmerischen Zwecke benötigt. Für die kompletten Vorschriften googeln Sie nach „Umsatzsteuer-Anwendungserlass" und lesen dort Abschnitt 3a.2 Absatz 11a.

8.6.2.5 Kunde außerhalb EU

Beliefern Sie Kunden außerhalb der EU, ist diese Lieferung in Deutschland stets nicht steuerbar. Sie stellen die Rechnung daher immer ohne (deutsche) Mwst. aus und buchen Postpakete auf 8120 (4120) „Steuerfreie Umsätze nach § 4 Nr. 1a UStG" (das sind „Ausfuhrlieferungen") und Downloads auf 8338 (4338) „Erlöse aus im Drittland steuerbaren Leistungen, im Inland nicht steuerbare Umsätze".

Die Ausfuhrlieferungen stehen in der Umsatzsteuervoranmeldung in Feld 43, die sonstigen Leistungen in Feld 45.

Wie Sie (im Fall von Downloads bzw. allgemein „sonstigen Leistungen") an der Kontenbezeichnung „im Drittland steuerbare Leistungen" erkennen können, ist der Ort der Leistung also – wieder einmal – beim Empfänger. Ob und wie viel Umsatzsteuer dort anfällt, steht demzufolge im Umsatzsteuergesetz – des *Empfängerlands*! Wenn Sie also Ihre Software nach Ägypten verkaufen, sehen Sie ganz einfach im ägyptischen UStG nach ... nein, Spaß beiseite (auch wenn das ganze einen wahren Kern hat) – in der Regel gibt es Freigrenzen oder Freibeträge, bis zu denen eine Versteuerung nicht durchgeführt werden muss. Wenn Sie also in einem Kalenderjahr einen einzigen Kunden aus Ägypten haben, der Ihre Software (umsatzsteuerfrei) für 9,95 € heruntergeladen hat, brauchen Sie sich sicher keine Sorgen machen, aber wenn Sie den Ägyptern eine Kraftwerksteuerungssoftware für eine Million Euro verkaufen, sollten Sie vielleicht doch einmal bei einem geeigneten (=ägyptischen, oder auf Außenhandel spezialisierten deutschen) Steuerberater nachfragen, wie das mit der Umsatzsteuer dort so funktioniert (ich selbst weiß es leider nicht; ich habe keine Kunden in Ägypten).

Wobei ich das Beispiel Ägypten nur gewählt habe, weil es „anschaulich exotisch" ist. Aber denken Sie daran, dass z.b. auch die Schweiz kein EU-Mitglied ist (und andere, auf den ersten Blick „unexotische" Länder wie die USA auch nicht) und Sie dort ja vielleicht doch ein paar Kunden haben. Machen Sie in solchen Ländern größere Umsätze als die erwähnten 9,95 €, sollten Sie sich auf jeden Fall über das Umsatzsteuerverfahren dort informieren und – möglicherweise bei Überschreiten einer Freigrenze – ggf. die nötigen Schritte (steuerliche Registrierung, Mwst.-Abführung o.ä.) einleiten.

Bei Postpaketen haben Sie diese ganze Problematik ohnehin nicht, da der Empfänger ggf. zu seinem Zollamt zitiert wird und dort die Einfuhrumsatzsteuer berappen muss – das ist dann seine Sache und geht Sie alles nichts an.

8.7 Umsatzsteuervoranmeldung

Wie Sie ja im Lauf dieses Buches bereits mitbekommen haben dürften, müssen Sie die Mwst., die Sie von Ihren Kunden eingenommen haben, ans Finanzamt abführen, wohingegen Sie die Mwst., die Sie an Ihre Lieferanten gezahlt haben, vom Finanzamt erstattet bekommen – zumindest wenn man den Regelfall einmal ganz simpel ausdrückt.

Damit das Finanzamt weiß, wie viel es Ihnen abbuchen (bzw. erstatten) soll, müssen Sie ihm das natürlich erst einmal mitteilen. Dies geschieht mit der *Umsatzsteuervoranmeldung.*

Diese „USt-VAM" übermitteln Sie dem Finanzamt in regelmäßigen Abständen (elektronisch per ELSTER; das kann i.d.R. Ihre Fibu-Software), und zwar (gemäß § 18 UStG):

- monatlich, wenn Sie im vorangegangenen Kalenderjahr mehr als 7.500 € angemeldet hatten oder Ihr Geschäft in diesem Jahr oder im Vorjahr neu eröffnet haben;

- gar nicht, wenn Sie im Vorjahr höchstens 1.000 € angemeldet hatten;

- vierteljährlich in allen sonstigen Fällen.

Dies nur zur Information; Ihr Finanzamt teilt Ihnen den für Sie zutreffenden Zeitraum ohnehin schriftlich mit. Ermitteln Sie den Zeitraum auf keinen Fall selbst und stellen Sie den Zeitraum auch nicht „in vorauseilendem Gehorsam" eigenmächtig um – das ergäbe nur Chaos, und Sie müssten ggf. einige Voranmeldungen stornieren oder korrigieren. Tun Sie einfach, was Ihr Finanzamt Ihnen sagt …

Die Frist für die Voranmeldung ist immer der 10. des Folgemonats (bzw. des Folge-Folge-Monats, wenn Sie Dauerfristverlängerung beantragt haben; siehe entsprechender Abschnitt weiter oben), also jeweils der 10. nach dem Monat bzw. Quartal, für den/das die Voranmeldung übermittelt wird. Wie üblich verlängert sich diese Frist auf den nächsten Werktag, falls sie auf einen Feiertag oder ein Wochenende fällt.

Falls Sie im Zuge der Voranmeldung Umsatzsteuer abführen müssen, müssen Sie diese so frühzeitig überweisen, dass sie am 10. bereits auf dem Konto des Finanzamts gutgeschrieben wird (Absenden bei Ihrer Bank genügt also nicht!). Ich empfehle Ihnen daher *dringend*, Ihrem Finanzamt eine Einzugsermächtigung (bzw. heutzutage „SEPA-Mandat") zumindest für die Umsatzsteuer zu erteilen. Auch wenn Sie sonst kein „Lastschriftfreund" sind: Im Fall der Umsatzsteuer bucht Ihnen das Finanzamt ja immer nur *genau den* Betrag ab, den *Sie selbst* gemeldet haben. Wenn Sie Angst vor irgendwelchen unberechtigten Einkommensteuernachzahlungen etc. haben, kreuzen Sie auf dem SEPA-Mandat also eben nur „Umsatzsteuer" an, wahlweise auch noch mit oder ohne Abschlusszahlung (aber auch letztere ermitteln Sie im Prinzip selbst, und zwar mit der Jahresumsatzsteuererklärung – siehe unten).

Wenn Sie Ihrem Finanzamt ein SEPA-Mandat für die Umsatzsteuervoranmeldungen erteilt haben, genügt es, die Voranmeldung am 10. um 23.59 Uhr zu „ELSTERn" – wann das Finanzamt dann abbucht, ist sein Problem. In der Praxis findet die Lastschrift irgendwann zwischen dem 12. und dem 15. statt.

Falls Sie ein schneller Buchhalter sind und Ihre Umsatzsteuervoranmeldung schon ein paar Tage oder gar Wochen vor dem Fälligkeitstermin fertig haben, spricht nichts dagegen, sie dann auch bereits gleich zu übermitteln. Das Finanzamt bucht den Betrag immer erst bei Fälligkeit ab, auch wenn Sie die Voranmeldung sechs Wochen vorher übermitteln. Umgekehrt überweist Ihnen das Finanzamt bei einem Vorsteuerüberhang (=Sie bekommen Umsatzsteuer erstattet) den Betrag unmittelbar nach dem Einreichen der Voranmeldung zurück. Nett, nicht wahr?

Was inhaltlich in der Umsatzsteuervoranmeldung stehen muss, hängt von Ihrem „Geschäftsverhalten" ab. Wenn Sie keinerlei Auslandsgeschäfte (und auch sonst keine Tätigkeiten mit Sonderregelung wie z.B. Bauleistungen oder Handyverkauf) machen, beschränkt sich die Voranmeldung auf die Felder 81 („Erlöse 19% USt") und 66 („Vorsteuerbeträge aus Rechnungen von anderen Unternehmern") und natürlich die Differenz der beiden Beträge im Summenfeld 83 – das war's auch schon.

Bei ausländischen Geschäften (getätigte und/oder erhaltene Lieferungen und/oder Leistungen) sind noch zahlreiche weitere Felder auszufüllen, die ich in den entsprechenden Abschnitten weiter oben ja bereits erläutert habe.

Ihre Fibu-Software sollte fähig sein, die Voranmeldung automatisch auszufüllen und zu ELSTERn. Vor dem Versand sollten Sie einen „Plausi-Check" mit „Brain 1.0" machen, d.h. einen Blick auf die Zahlen werfen und zumindest grob überschlagen, ob die Voranmeldung insgesamt sinnvoll und vernünftig aussieht. (Und natürlich kann und sollte auch Ihre Fibu-Software selbst ein paar Zahlen prüfen, z.B. die 19% Mwst. von den entsprechenden Erlöskonten selbst ausrechnen und mit den Steuerkonten vergleichen und bei Diskrepanzen eine entsprechende Warnung ausgeben, damit Sie den Fehler suchen können.)

8.8 Zusammenfassende Meldung (ZM)

Bei Ihren steuerfreien Lieferungen und Leistungen an Unternehmer in der EU (die Ihnen ihre USt-ID mitgeteilt haben) habe ich bereits die „Zusammenfassende Meldung" (ZM) erwähnt. Um prüfen zu können, ob Ihre steuerfreien Rechnungen berechtigt waren, verlangt das Finanzamt von Ihnen eine Liste der USt-IDs, die Sie von Ihren Kunden erhalten haben. Diese Liste ist die ZM und sollte von Ihrer Fibu-Software automatisch erstellt (und auch gleich geELSTERt) werden können, wenn Sie bei der Buchung der Rechnung auch immer gleich die USt-ID mit eingegeben haben.

Normalerweise ist die ZM monatlich fällig, und zwar immer bis zum 25. des Folgemonats. Eine Dauerfristverlängerung wie bei der USt-Voranmeldung gibt es hier *nicht*! Wenn Ihre innergemeinschaftlichen *Lieferungen* (also „Postpakete"!) in den letzten fünf Quartalen jeweils 50.000 € (je Quartal) nicht überschritten haben, können Sie die ZM auch quartalsweise abgeben. Falls Sie nur „sonstige Leistungen" in die EU verkaufen (also insbesondere elektronische Leistungen wie Downloads o.ä.), ist die Summe Ihrer *Lieferungen* logischerweise stets 0 € und Sie können die ZM grundsätzlich quartalsweise abgeben.

Für jede USt-ID in der ZM müssen Sie angeben, ob es sich um eine Lieferung oder um eine sonstige Leistung handelt. Normalerweise konfigurieren Sie das in Ihrer Fibu-Software bei den Debitoreneinstellungen.

Damit beim Finanzamt nicht die Plausi-Check-Alarmglocken angehen, sollten die Summen aus der ZM (getrennt für Lieferungen bzw. Leistungen) mit den Einträgen in den zugehörigen USt-Voranmeldungen übereinstimmen (dort Feld 41 für Lieferungen bzw. Feld 21 für Leistungen)

8.9 Mini-One-Stop-Shop (MOSS)

Für den weiter oben erwähnten Fall von „elektronischen Leistungen" (z.B. Downloads, Hosting, Domains etc.) an Privatkunden in der EU habe ich bereits dargelegt, dass Sie (seit dem Jahr 2015) die Mwst. berechnen müssen, die im *Land Ihres Kunden* gilt, also (derzeit) etwa 20% für österreichische Kunden, 22% für italienische Kunden oder 25% für dänische Kunden usw. Stellen Sie also Ihren Kunden die für ihr jeweiliges Land gültige Mwst. in Rechnung und buchen Sie diese Rechnungen wie oben beschrieben auf „Debitor an 8331 (4331) (Nettoerlös) und 1728 (3798) (Mwst.)".

Nach jedem Quartal müssen Sie diese Mwst. ans BZST melden (über das BZST-Online-Portal, Link siehe letztes Buchkapitel) und auch dorthin überweisen. Die Frist ist jeweils der 20. (nicht der 25. wie bei der ZM – das wäre ja zu einfach) des Folgemonats, d.h. für das 1. Quartal der 20. April, für das 2. Quartal der 20. Juli, für das 3. Quartal der 20. Oktober und für das 4. Quartal der 20. Januar. (Eine monatliche Abgabe gibt es hier generell nicht.)

Im BZST-Online-Portal geben Sie Ihre USt-ID-Nummer an sowie für jedes Kundenland getrennt den Nettoumsatz, den Steuersatz und den Steuerbetrag des abgelaufenen Quartals. Sie erhalten dann in Ihr BZST-Postfach ziemlich schnell die Annahmebestätigung eingestellt (laden Sie sie als PDF herunter und heben Sie die Datei auf, als Nachweis für die Fristwahrung) und einige Tage (manchmal auch Wochen) später den „Steuerbescheid" mit einer Referenznummer (im wesentlichen Ihre USt-ID), die Sie im Verwendungszweck Ihrer Überweisung angeben müssen. (Nach der ersten Überweisung erhalten Sie ein „Kassenzeichen" zugeteilt, das Sie für künftige Überweisungen verwenden sollen.)

Die Steuer müssen Sie so rechtzeitig überweisen, dass sie am 20. auf dem Konto des BZST angekommen ist. Die Steuerzahlung selbst buchen Sie auf 1729 (3799) „Steuerzahlungen aus im anderen EU-Land steuerpflichtigen elektronischen Dienstleistungen an kleine einzige Anlaufstelle (KEA/MOSS)". (Dies dient nur der unterjährigen Übersichtlichkeit; am Ende des Jahres können Sie die Konten 1728 (3798) und 1729 (3799) in die sonstige Umsatzsteuerverrechnung mit einbeziehen, wie im Kapitel über den Jahresabschluss beschrieben.)

Und zum Abschluss des MOSS-Kapitels noch zwei überraschende Fakten, mit denen ich niemals gerechnet hätte:

- Nein, Sie können die quartalsweisen BZST-Meldung nicht ELSTERn. Das bleibt auch bis auf weiteres so, da das BZST diese Übermittlung bei der ELSTER-Stelle nicht in Auftrag gegeben hat (ich habe nachgefragt). Die einzige „halbautomatische" Möglichkeit, auf der BZST-Website nicht alles von Hand eintippen zu müssen, ist das Hochladen von CSV-Dateien, in denen die Beträge nach Ländern sortiert enthalten sind. Das Format dieser CSV-Dateien ist auf der BZST-Website beschrieben.

Vielleicht kann Ihre Fibu-Software solche CSV-Dateien erzeugen, dann sparen Sie sich einige „Handarbeit".

- Und nein, Sie können dem BZST keine Einzugsermächtigung bzw. SEPA-Mandat erteilen; Sie müssen die ausländischen Steuern tatsächlich von Hand überweisen.

Das war zumindest der Stand zu dem Zeitpunkt, an dem dieses Buch geschrieben wurde (und es war auch keine Änderung abzusehen). Vielleicht gibt es in Zukunft diesbezüglich ja eines Tages mehr Komfort ...

8.10 Umsatzsteuererklärung

Am Jahresende müssen Sie alle unterjährigen Umsatzsteuervorgänge zusammenfassen und in der Umsatzsteuererklärung an Ihr Finanzamt übermitteln. Wie das genau funktioniert, habe ich bereits weiter oben im Kapitel über den Jahresabschluss erläutert. Die Umsatzsteuererklärung sollte von Ihrem Fibu-Programm erstellt und übermittelt werden können (oder falls nicht, können Sie eines dieser „Privatsteuerprogramme" für 29,95 € dazu verwenden).

Einen Umsatzsteuerbescheid erhalten Sie von Ihrem Finanzamt nur dann, wenn es von Ihrer eigenen Berechnung abweicht. Ansonsten bucht das Finanzamt einfach die Abschlusszahlung von Ihrem Konto ab bzw. überweist Ihnen Ihr Umsatzsteuerguthaben. Sollte bei der Umsatzsteuererklärung weder eine Nachzahlung noch eine Erstattung herauskommen (was übrigens auch für Beträge von weniger als einem Euro gilt), passiert einfach – gar nichts.

Und der Vollständigkeit halber: Es gibt – im Gegensatz zur Umsatzsteuererklärung – weder eine „Abschluss-ZM-Erklärung" für die „Zusammenfassende Meldung" noch eine „Abschluss-MOSS-Erklärung" für den Mini-One-Stop-Shop.

9. Was Sie sonst noch melden müssen

In den vorangegangenen Kapiteln haben Sie die Vorgehensweise bezüglich Umsatzsteuervoranmeldung, Zusammenfassender Meldung sowie Mini-One-Stop-Shop kennengelernt, die Sie monatlich bzw. vierteljährlich ans Finanzamt übermitteln müssen.

In diesem Kapitel geht es um weitere Steueranmeldungen, Steuererklärungen o.ä. – also alles weitere, was Sie als Unternehmer irgendwann irgendwohin schicken müssen. Nicht alles muss in Ihrem Fall zutreffen; picken Sie sich einfach die für Sie gültigen Abschnitte heraus.

9.1 Außenwirtschaftsstatistik

Sollten Sie von Ihrem Bankkonto Zahlungen ins Ausland überweisen oder auf Ihr Bankkonto Zahlungen aus dem Ausland erhalten, die höher als 12.500 € sind, müssen Sie diese Zahlungen bis zum 7. des Folgemonats (ja, schon wieder eine neue Frist!) an die Bundesbank melden. Dafür gibt es auf der Bundesbank-Website ein Formular, in das Sie die relevanten Daten wie Betrag, Land, Verwendungszweck etc. eintragen können (Sie können die Meldungen als Vorlage speichern, so dass Sie bei wiederkehrenden Zahlungen nur ggf. den Betrag anpassen müssen).

Gehen Sie auf die Website der Bundesbank und suchen Sie nach „Allgemeines Meldeportal Statistik". Beantragen Sie dafür einen Online-Zugang und verwenden Sie für Ihre Meldungen das Online-Formular „Z 4". Nach dem Absenden Ihrer Meldung können Sie eine Kopie der Meldung als PDF-Datei herunterladen. Heben Sie sich diese Datei als Nachweis für Ihre Meldung auf.

9.2 Lohnabrechnung

Falls Sie Angestellte haben, deren Lohnabrechnung Sie selbst durchführen, haben Sie jede Menge weitere Termine zu beachten:

- monatlicher Abruf der Lohnsteuerabzugsmerkmale („ELStAM"), vor der jeweiligen Abrechnung

- monatliche Lohnsteueranmeldung (bis zum 10. des Folgemonats)

- monatlicher Beitragsnachweis für die gesetzlichen Krankenkassen (bis zum fünftletzten Bankarbeitstag des aktuellen Monats)

- jährliche Lohnsteuerbescheinigung (bis zum 28. Februar des Folgejahrs)

- jährliche Sozialversicherungsbescheinigung (bis zum 15. April des Folgejahrs)

- jährlicher Lohnnachweis an Berufsgenossenschaft (bis ca. Mitte Februar des Folgejahrs)

Wie die Lohnabrechnung genau funktioniert, erkläre ich hier nicht (darüber könnte man ein separates Buch schreiben, das mindestens zehnmal so dick wie dieses hier wäre) – tun Sie einfach das, was Ihnen Ihre Lohnsoftware erzählt (ich gehe mal davon aus, dass Sie eine haben –

eine Lohnabrechnung ohne Computerunterstützung ist heutzutage meiner Meinung nach so gut wie unmöglich).

Idealerweise exportiert Ihre Lohnsoftware irgendetwas, das Ihre Fibu-Software einlesen kann, damit Sie nicht etwa alle nötigen Buchungen von Hand abtippen müssen. Hierbei ist es gar nicht dumm, Fibu- und Lohnsoftware vom selben Hersteller einzukaufen; dadurch steigt die Wahrscheinlichkeit für eine gemeinsame Schnittstelle ins Unermessliche …

An dieser Stelle noch ein Wort zum „Bruttolohn": Beim realen Geldfluss erscheint dieser Betrag nirgends (also wundern Sie sich nicht darüber). Ein simples (fiktives) Beispiel:

- Bruttolohn 2.000 €

- Lohnsteuer und Solidaritätszuschlag: 500 €

- Sozialversicherung (Arbeitnehmeranteil): 300 €

- Sozialversicherung (Arbeitgeberanteil): 300 €

Aus der Sicht des Arbeitnehmers beträgt das Gehalt 2.000 €, davon gehen 500 € Lohnsteuer und Solidaritätszuschlag und 300 € Sozialversicherung (Arbeitnehmeranteil) weg, bleiben 1.200 €, die aufs Gehaltskonto überwiesen werden (und der Arbeitgeber zahlt 300 € Sozialversicherung „dazu").

Vom Arbeitgeber aus gesehen sieht der Geldfluss allerdings so aus:

- 1.200 € gehen an den Arbeitnehmer;

- 500 € gehen ans Finanzamt;

- 600 € gehen an die Krankenkasse.

Macht zusammen 2.300 €, die der Arbeitnehmer den Arbeitgeber kostet (und wie Sie sehen, kommen die 2.000 € Bruttolohn hier nirgends vor).

Damit die Abrechnung allerdings auch noch nach Jahren nachvollziehbar ist, bucht man in der Praxis nicht den realen Geldfluss, sondern (das obige Beispiel) wie folgt:

- 2.000 € auf 4120 (6020) an 1755 (3790)

- 300 € auf 4130 (6110) an 1755 (3790)

- 500 € auf 1755 (3790) an 1741 (3730)

- 1.200 € auf 1755 (3790) an 1740 (3720)

- 600 € auf 1755 (3790) an 1743 (3741)

Was diese Konten bedeuten (und warum man das so bucht), sei Ihnen zur Übung überlassen ... die Banküberweisung an den Arbeitnehmer wird schließlich auf 1740 (3720) gebucht, die Lohnsteuerlastschrift vom Finanzamt auf 1741 (3730) und die Lastschrift von der Krankenkasse auf 1743 (3741). Das Verrechnungskonto 1755 (3790) muss sofort nach den obigen Buchungen wieder auf null stehen, sonst haben Sie irgendetwas falsch gemacht (und schon haben wir wieder eine Kontrollmöglichkeit – vermutlich die letzte dieses Buches).

9.3 Jahressteuererklärungen

Was in diesem Abschnitt steht, wissen Sie vermutlich bereits, daher nur der Vollständigkeit halber, was Sie für Ihren Jahresabschluss ans Finanzamt übermitteln müssen:

- Umsatzsteuererklärung (dafür gab es weiter oben in diesem Buch bereits zwei ausführliche Abschnitte);

- falls Sie Einzelunternehmer sind: Einkommensteuererklärung; Ihr Gewinn wird in Anlage G (Einkünfte aus Gewerbebetrieb) eingetragen; weiter unten müssen Sie noch Angaben zur Gewerbesteuer machen (falls Sie so ein „Privatsteuerprogramm" für 29,95 € verwenden, nimmt Ihnen dieses die dafür nötige Arbeit ab und übermittelt die ganze ESt-Erklärung auch gleich per ELSTER ans Finanzamt);

- falls Sie eine Personengesellschaft (z.B. eine GbR, Gesellschaft bürgerlichen Rechts) sind, müssen Sie dazu noch die „Gesonderte und einheitliche Feststellungserklärung" mit den zugehörigen Anlagen ausfüllen, damit das Finanzamt weiß, welcher Teil vom Gewinn auf welchen Gesellschafter entfällt;

- falls Sie eine Kapitalgesellschaft (GmbH, UG, Limited etc.) sind, müssen Sie die Körperschaftsteuererklärung mit den dazu nötigen Anlagen (z.B. A für nichtabziehbare Betriebsausgaben und WA für abgeführte Kapitalertragsteuer) abgeben; da es hierfür nach meiner Kenntnis kein 29,95 €-Steuerprogramm gibt, können Sie die KSt-Erklärung (inklusive aller Anlagen), wenn Sie keinen Steuerberater haben, auch unmittelbar auf der Website des ELSTER-Online-Portals in ein Formular eintippen.

- Gewerbesteuererklärung; im einfachsten Fall tragen Sie hier (neben Ihren „Stammdaten" wie Name, Adresse usw.) einfach nur Ihren steuerlichen Gewinn ein (den Sie auch schon in Ihre ESt- bzw. KSt-Erklärung geschrieben haben) – und sonst gar nichts. Prüfen Sie aber, ob irgendwelche Angaben bei den „Hinzurechnungen" und „Kürzungen" auf Sie zutreffen; der häufigste Fall bei den Hinzurechnungen wird Ihre Büromiete sein (heißt dort „Miet- und Pachtzinsen … für die Benutzung fremder unbeweglicher Betriebsanlagengüter") – aufgrund von Freibeträgen wird sich an Ihrer Gewerbesteuer deswegen kaum etwas ändern, aber Sie sind natürlich verpflichtet, alle geforderten Angaben wahrheitsgemäß einzutragen. (Hierfür können Sie i.d.R. auch wieder eines dieser vielzitierten 29,95 €-Privatsteuerprogramme verwenden und können die zu zahlende Gewerbesteuer damit auch gleich im Voraus ermitteln – das müssen Sie für die evtl. nötige Rückstellung in der Bilanz ja ohnehin.)

- eBilanz (siehe separates Kapitel weiter oben).

Die Steuererklärungen sind (wenn Sie keinen Steuerberater haben) bis zum 31. Mai des Folgejahrs fällig (mit Steuerberater mindestens bis zum 30.9, derzeit sogar bis zum

31.12.); falls Sie es nicht rechtzeitig schaffen, können Sie beim Finanzamt formlos eine Fristverlängerung beantragen. Ich verwende hierzu immer eine simple E-Mail mit (neben meinen persönlichen Angaben wie Name, Adresse, Steuernummer) folgendem Text:

Sehr geehrte Damen und Herren, da [... hier den Grund für die Verzögerung einfügen, z.B. fehlende Belege, Buchhalter krank, Arbeitsüberlastung etc. – bleiben Sie bitte bei der Wahrheit! ...], bitten wir um stillschweigende Fristverlängerung bis zum 30. September. Mit freundlichen Grüßen.

Geben Sie dabei auch die „zu verlängernden" Steuerarten an (nicht dass der Finanzbeamte z.B. den Verlängerungsvermerk versehentlich nur bei Ihrer ESt-Erklärung setzt und nachher die USt-Erklärung bei Ihnen angemahnt wird). Wenn Sie auf diese E-Mail keine Antwort erhalten, ist die Fristverlängerung genehmigt.

Es kommt vor, dass Sie z.B. die eBilanz, USt- und GewSt-Erklärung bereits fertig haben, Ihnen jedoch noch Unterlagen für die ESt-Erklärung fehlen (z.B. aus einer privaten Vermietung). Warten Sie in diesem Fall, bis Sie alles zusammen haben, und übermitteln Sie dann alle Steuererklärungen gemeinsam. Jedenfalls ist dies der ausdrückliche Wunsch *meines* Finanzamts; vielleicht sieht *Ihr* Finanzamt das anders (was ich allerdings nicht glaube). Falls Sie Lust und Zeit haben und es ganz genau wissen wollen, können Sie ja einmal nachfragen.

Die E-Mail-Adresse Ihres Finanzamts finden Sie, falls Sie sie nicht bereits aus alten Steuerbescheiden verfügbar haben, meist auf der Finanzamts-Homepage (Link im letzten Buchkapitel).

10. Die Datev-Welt

Abschließend noch ein paar Worte zur „Datev-Welt", mit der Sie unweigerlich in Berührung kommen werden, wenn Sie Ihre Buchungen für Ihren Steuerberater exportieren. Wie der Export genau funktioniert, hängt natürlich von Ihrer Fibu-Software ab (ich hoffe, Ihre Fibu-Software *hat* überhaupt einen Datev-Export, sonst haben Sie ohnehin ein Problem), daher kann ich hier nur einige allgemeingültige Ratschläge geben, die Ihnen beim Verständnis der verschiedenen Daten helfen sollen, die Sie eingeben müssen und die Sie beim Export herausbekommen.

10.1 Stammdaten und Exportformat

Vor einem Datev-Export sollten Sie („einmal im Leben") ein paar grundlegende Dinge festlegen und in Ihr Fibu-Programm eintragen:

- Beraternummer und Mandantennummer. Erstere ist die „Kundennummer" Ihres Steuerberaters bei der Datev; letzteres Ihre „Kundennummer" bei Ihrem Steuerberater. Beide Werte sollten korrekt sein (fragen Sie Ihren Steuerberater danach), weil die Dateien sonst u.U. nicht eingelesen werden können (die Datev-Software Ihres Steuerberaters sagt sonst beim Import vielleicht „falscher Mandant" oder gar „falscher Steuerberater").

- Wenn Sie das Exportformat zwischen „OBE" und „KNE" auswählen können, nehmen Sie „KNE" (das ist neuer und funktioniert eigentlich immer).

- Nachdem ich Ihnen ja schon ganz am Anfang dieses Buches nahegelegt habe, dass Sie nur die vierstelligen Standard-Fibu-Kontonummern verwenden sollen, geben Sie bei „Kontonummernlänge" ebendiese vier Stellen an. (Falls es eine separate Einstellung für Personenkonten gibt, haben diese natürlich fünf Stellen Länge.)

- Als „DFV-Kürzel" können Sie Ihre Initialen angeben, also z.B. „FM", wenn Sie „Fritz Müller" heißen.

Diese Einstellungen müssen Sie normalerweise nur einmal setzen; Ihre Fibu-Software sollte sie für jeden künftigen Export benutzen

10.2 Auswahl der zu exportierenden Daten

Wenn Sie den Exportvorgang starten, können Sie vermutlich erst einmal auswählen, was Sie überhaupt exportieren wollen: Buchungen (heißt manchmal auch „Kontenbewegungen"), oder aber Kontenbeschriftungen (damit Ihr Steuerberater weiß, wer der Debitor Nr. 10475 ist, oder was das von Ihnen eingeführte Kostenkonto 4981 (6851) sein soll). In beiden Fällen können Sie möglicherweise eine „Datenträgernummer" und/oder eine „Primanota-Seite" angeben. Wenn Sie keine ganz gewichtigen Gründe für einen anderen Wert haben, sollten Sie hier (immer) jeweils 1 eingeben.

Daneben werden Sie wahrscheinlich nach einer „Abrechnungsnummer" gefragt (oder evtl. „Vorlauf-Nummer"). Diese Nummern müssen innerhalb eines Jahres lückenlos aufsteigend sein; fangen Sie also beim ersten Export eines Jahres mit 1 an und zählen Sie dann hoch. Falls Ihre Fibu-Software sich nicht merkt, welche bzw. wie viele Exporte Sie bereits gemacht haben, sollten Sie sich die Anzahl daher irgendwo notieren, damit Sie keine Abrechnungsnummer überspringen oder doppelt vergeben. Am einfachsten ist es, wenn Sie Ihre Buchungen ohnehin monatlich exportieren; dann stimmen die Abrechnungsnummern mit den Monaten überein (also z.B. 10 = Oktober). Abschlussbuchungen können Sie mit der Abrechnungsnummer 13 (und weitere, bis maximal 69) übermitteln. Wenn Sie Ihrem Steuerberater nur einmal im Jahr Ihre Daten für den Jahresabschluss schicken, hat dieser Export dann eben die Nummer 1 (und ist der einzige in diesem Jahr).

Obiges gilt für Buchungen. Für Kontenbeschriftungen nehmen Sie die Abrechnungsnummern ab 1001 aufwärts (bis 1069).

10.2.1 Buchungen (Kontenbewegungen)

Wenn Sie Buchungen exportieren, müssen Sie peinlich genau darauf achten, dass Sie keine Buchungen doppelt oder gar nicht übermitteln (sondern exakt einmal). Wie Sie das sicherstellen, hängt ein wenig von Ihrer Fibu-Software ab; evtl. haben Sie dort nummerierte „Sitzungen", die Sie beim Export auswählen können, oder Sie wählen nach Datum oder laufenden Buchungsnummern aus. Wenn Sie Ihre Buchungen nur einmal im Jahr für den Jahresabschluss exportieren, haben Sie das Problem natürlich nicht, aber wenn Sie z.B. monatlich oder quartalsweise arbeiten, müssen Sie sich ein System ausdenken, das auch mit Korrekturen zurechtkommt.

Grundsätzlich müssen Sie sich klarmachen: Was bereits exportiert wurde, wird nicht mehr korrigiert! Je nach dem Mechanismus Ihrer Fibu-Software kann das heißen: Wenn Sie Sitzung Nr. 1 exportiert haben, dürfen Sie keine Buchungen in dieser Sitzung mehr vornehmen, bzw. wenn Sie den Januar bereits exportiert haben, dürfen Sie weitere Buchungen nur noch ab Februar vornehmen (auch wenn diese irgendwelche Januar-Buchungen korrigieren – verwenden Sie dann als Buchungsdatum eben den 1. Februar und schreiben Sie ggf. in den Buchungstext „Storno XYZ-Rechnung vom 17.1." o.ä., damit man den zeitlichen Bezug auch später noch herstellen kann).

Überlegen Sie sich also ein „Export-Auswahl-Schema", mit dem Sie sicherstellen können, dass jede Ihrer Buchungen *exakt einmal* exportiert wird. Denken Sie auch an eine geeignete Lösung für den Export Ihrer eigenen Abschlussbuchungen (z.B. in einer 13. Sitzung und/oder mit Datum vom 31.12. o.ä.).

Als Zeitpunkt für den Export bietet sich z.B. die Erstellung der Umsatzsteuervoranmeldung an; evtl. hat Ihre Fibu-Software in diesem Zusammenhang auch eine Funktion wie „Monatsabschluss", „Buchungsmonat sperren", „Stapelübernahme in Dialog" o.ä., die die abgeschlossenen

Buchungen unveränderbar festschreibt, um eine versehentliche Änderung automatisch zu verhindern. Eine solche Funktion sollten Sie auf jeden Fall nutzen.

10.2.2 Kontenbeschriftungen

Neben den Buchungen selbst können (und sollten) Sie auch die Kontenbeschriftungen exportieren. Das genügt aber i.d.R. einmal im Jahr (für den Jahresabschluss). Der Hauptzweck ist natürlich, dass Ihr Steuerberater die Namen der Debitoren und Kreditoren erfährt; aber auch, falls Sie eigene Konten angelegt haben (wie z.B. das ab und zu erwähnte 4981 (6851) für „speziellen" Betriebsbedarf o.ä.), ist es nützlich und sinnvoll, dass Ihr Steuerberater weiß, wofür diese Konten gedacht sind.

Im Prinzip können Sie die Kontenbeschriftungen beliebig oft exportieren (d.h. Sie müssen nicht darauf achten, wie bei den Buchungen jeden Datensatz nur einmal zu exportieren). Das einzige, das Sie bei einem mehrfachen Export beachten sollten, ist eine fortlaufende Abrechnungsnummer ab 1001 aufwärts (wie weiter oben beschrieben).

10.3 Exportdateien

Nach dem Export erhalten Sie normalerweise zwei Dateien mit den Namen „EV01" und „ED00001" (manche Fibu-Programme fordern, dass der Export-Ordner zuvor leer sein muss – dann machen Sie ihn leer oder legen einfach einen neuen Ordner an). In der „EV"-Datei stehen die Stammdaten (Berater- und Mandantennummer, Zeitraum etc.) und in der „ED"-Datei die eigentlichen Daten (Buchungen bzw. Kontenbezeichnungen).

An den Nummern „...01" erkennen Sie schon, dass es da vielleicht auch noch ...02, ...03 oder noch mehr geben könnte. Im Prinzip ist das richtig – rein theoretisch könnten Sie einen Export EV01 mit den Dateien ED00001 bis ED00017 haben und dann noch einen Export EV02 mit den Dateien ED00018 bis ED00033 usw. Ich kenne allerdings kein Programm, das solche Mehrfach-Dateien unterstützt – im Sinne einer maximalen Kompatibilität zwischen Ihrer Software und der Ihres Steuerberaters sollten Sie hier lieber keine Experimente machen und sich stets auf die Dateien EV01 und ED00001 beschränken (und i.d.R. haben Sie ohnehin keine Wahl, da Ihre Fibu-Software Ihnen vermutlich auch gar nichts anderes anbietet).

Wenn Sie die Dateien per E-Mail an Ihren Steuerberater senden wollen, packen Sie sie vorher in einen ZIP-Ordner (beide Dateien markieren, rechte Maustaste, „Senden an", „ZIP-komprimierter Ordner") und senden dann diesen ZIP-Ordner per Mail. Der Grund dafür ist, dass in diesen Dateien zu 99,5% normaler Text steht und manche Mailprogramme oder Mailserver dadurch möglicherweise nach Belieben irgendwelche Zeilenumbrüche einfügen und/oder Umlautkorrekturen durchführen würden, was die Dateien für Ihren Steuerberater unlesbar machen würde.

10.4 Primanota-Liste

Oft haben Sie Gelegenheit, nach dem Export eine „Primanota-Liste" anzusehen oder auszudrucken – das sind einfach die Buchungen, die Sie exportiert haben.

Wenn Sie nicht ohnehin schon „Datev-Buchen" gewohnt sind, fallen Ihnen dabei in der Spalte „Gegenkonto" vielleicht sehr merkwürdige Fibu-Konten auf, die es bei Ihnen gar nicht gibt. Das liegt daran, dass in Datev-Exportdateien der „BU-Schlüssel" (B=Berichtigung, U=Umsatzsteuer) vor das Gegenkonto geschrieben wird (falls nötig) – und zwar an die 6. und 7. Stelle von rechts betrachtet (was zur Folge hat, dass bei den vierstelligen Sachkonten – zur Abgrenzung von Personenkonten – an der 5. Stelle von rechts eine 0 eingefügt wird).

Wenn in einer Buchung weder etwas berichtigt wird noch irgendein Umsatzsteuertatbestand vorliegt, ist der BU-Schlüssel 00 und wird weggelassen (und auch bei einstelligen BU-Schlüsseln wird die führende 0 weggelassen – es werden immer nur so viele Ziffern für das Konto verwendet wie nötig; die Fibu-Kontonummer wird wie eine simple Zahl betrachtet – es ist ja auch egal, ob ich Ihnen 10 Euro oder 010 Euro oder gar 0010 Euro gebe).

Was die einzelnen BU-Schlüssel (es gibt sehr viele davon) genau bedeuten, finden Sie in den Kontenrahmen, die Sie von der Datev-Website herunterladen können (Links im letzten Kapitel). Der gebräuchlichste Schlüssel ist z.B. „9" für „19% Vorsteuer", d.h. wenn Sie Bürobedarf inkl. 19% Mwst. eingekauft haben, würden Sie in der Primanota ein Gegenkonto 904930 (906815) finden (4930 (6815)=Sachkonto „Bürobedarf", 5. Stelle = 0 für Sachkonten, 6.+7. Stelle = BU-Schlüssel (0)9). Wäre Ihr Bürobedarf dagegen ein innergemeinschaftlicher Erwerb (also z.B. Kopierpapier aus Belgien), wäre der BU-Schlüssel „19", und das Gegenkonto würde 1904930 (1906815) lauten.

Für „Umsatzsteuer 19%" würde der BU-Schlüssel „3" lauten, aber wenn Sie jetzt nach Gegenkonten à la 308400 (304400) bei den Erlösen suchen, werden Sie nichts finden – und zwar deswegen, weil das Konto „Umsatzerlöse 19%" 8400 (4400) im Kontenrahmen mit „AM" markiert ist (für „Automatische Berechnung der Umsatzsteuer"). Bei diesen sogenannten „Automatikkonten" (es gibt eine ganze Reihe davon, bei denen dann auch folgerichtig „19% USt" irgendwo in der Kontobezeichnung steht) wird der BU-Schlüssel nicht angegeben bzw. exportiert, da hier unmittelbar beim Konto die Steuerfunktion hinterlegt ist.

Wenn man diese Automatik bei einer bestimmten Buchung verhindern will, kann man den BU-Schlüssel „40" verwenden („Aufhebung der Automatik"). Aktiv sollten Sie (falls Sie überhaupt die Möglichkeit dazu haben) das aber nur in wohlbegründeten Spezialfällen tun, wenn ansonsten kein korrekter Export möglich ist. Kommen Sie beispielsweise nie auf die Idee, die „Erlöse 19% USt" über das Gegenkonto 4008400 (4004400) netto (also ohne USt) zu bebuchen – das verhagelt Ihnen jegliche Umsatzsteuerberechnung (Voranmeldung, Verprobung etc.)!

Umgekehrt kann der BU-Schlüssel „3" (für 19% USt) durchaus sinnvoll sein, wenn Sie „Nicht-Automatikkonten" mit Mwst. bebuchen wollen. Ein heißer Kandidat hierfür ist z.B. das Konto 2732 (4925) „Erträge aus abgeschriebenen

Forderungen", also 302732 (304925), wenn Sie zehn Jahre nach einer ausgebuchten Forderung doch noch eine 0,1%-Quote aus der Insolvenzmasse Ihres Kunden erhalten – und wenn die Rechnung aus der Zeit vor dem Jahr 2007 stammt, müssen Sie sogar den BU-Schlüssel „5" statt „3" benutzen (für 16% Mwst.), also insgesamt das Gegenkonto 502732 (504925) verwenden.

Ein – manchmal – sinnvoller BU-Schlüssel ist außerdem „20" (bzw. „2" und USt-Schlüssel): die „Generalumkehr". Dies bedeutet, dass die Buchung nicht wie üblich auf die Soll- bzw. Habenspalte aufaddiert wird, sondern von der jeweils anderen Spalte *abgezogen* wird. Damit kann man die *Jahresverkehrszahlen* korrigieren (also die Summen der Soll- und Haben-Spalten am Jahresende). Dies verwendet man z.B. beim Jahresabschluss, um die unterjährige vorläufige Abschreibung zu eliminieren; die Stornierung würde in der Datev-Primanota also mit dem Gegenkonto 2004993 (2006976) oder 2000992 (2003950) erscheinen.

Aber auch wenn Sie eine simple Buchung über Bürobedarf stornieren wollen (z.B. weil Ihnen hinterher aufgefallen ist, dass es sich doch eher um „Sonstigen Betriebsbedarf" o.ä. handelt), würden Sie die Generalumkehr verwenden; ein Bürobedarfs-Storno inkl. 19% Mwst. würde daher mit dem Gegenkonto 2904930 (2906815) ausgewiesen.

Diese ganzen Erläuterungen sollen Ihnen aber eigentlich nur dabei helfen, die Primanota-Liste Ihres Datev-Exports zu *verstehen* – *erzeugt* wird das alles von Ihrer Fibu-Software unmittelbar beim Export. Jedenfalls *sollte* die Fibu-Software die korrekten BU-Schlüssel erzeugen – aufgrund der zahlreichen Einstellungs- und Kombinationsmöglichkeiten kann dabei allerdings auch beliebig viel Unsinn herauskommen (z.B. wenn Ihre Konten bezüglich Steuerautomatik falsch definiert sind). Es empfiehlt sich daher, bei den ersten Exporten die Primanota-Liste zumindest oberflächlich durchzugehen und die BU-Schlüssel mit den obigen Erläuterungen zu vergleichen – so finden Sie vielleicht wenigstens ganz grobe Fehler.

Dass Sie Ihrem Steuerberater am Ende des Jahres eine komplette Jahres-Summen- und Saldenliste übermitteln (damit er seine Summen und Salden mit Ihren vergleichen kann), versteht sich von selbst.

11. Weiterführende Links

Natürlich können Sie im Internet zahlreiche weiterführenden Informationen zu den Themen in diesem Buch finden. Das Problem mit einer Linksammlung ist lediglich, dass hier angegebene Internet-Adressen zu dem Zeitpunkt, zu dem Sie dieses Buch lesen, möglicherweise schon wieder verschwunden sind – nichts ist beständiger als der Wandel. Ich gebe hier daher nur einige wenige Adressen an, von denen ich weiß, dass sie jahrelang „stabil" existiert haben und daher zu der Hoffnung berechtigen, auch noch ein paar weitere Jahre zu existieren. Für alles andere verwenden Sie bitte die Suchmaschine Ihres Vertrauens.

http://www.datev.de/info-db
Die Info-Datenbank der Datev, der Genossenschaft steuerberatender Berufe. Hier finden Sie insbesondere PDFs mit den Standard-Kontenrahmen.

http://www.myebilanz.de
Die Website des Autors mit einer kostenlosen Software zum Erzeugen und Versenden elektronischer Bilanzen (für Windows; unter „Wine" aber auch auf Linux lauffähig); Komfortfunktionen können dazugekauft werden.

http://www.rechtliches.de
Eine umfangreiche Linksammlung zu einschlägigen Gesetzen; für Unternehmer natürlich insbesondere interessant: Einkommensteuergesetz, Umsatzsteuergesetz, Handelsgesetzbuch etc., teilweise mit Durchführungsverordnungen.

http://www.bzst.de

Das Bundeszentralamt für Steuern, insbesondere (unter „Steuern International") alles zur internationalen Umsatzsteuer, Beantragung und Prüfung von Umsatzsteuer-ID-Nummern, Informationen zum Mini-One-Stop-Shop und vieles mehr.

http://ec.europa.eu/taxation_customs/vies/

Eine alternative Website (der Europäischen Kommission) zur Prüfung von Umsatzsteuer-ID-Nummern, auf der Sie (im Gegensatz zur BZST-Website) für die meisten EU-Länder anhand der zu prüfenden USt-ID auch gleich die Firmendaten (Name, Adresse) erhalten (die Sie für Ihre Kundendatenbank, aber auch für die „qualifizierte Prüfung" beim BZST benutzen können).

http://www.kontopruef.de/hanftwddx.shtml

Die Website des Autors, mit einer Windows-Software, die eine USt-ID auf dem Server der Europäischen Kommission prüft und die Firmendaten (falls vorhanden) ausgibt.

http://www.elsteronline.de

Das ELSTER-Online-Portal, wo Sie Ihr Zertifikat erzeugen können, das Sie für die Übermittlung Ihrer Steueranmeldungen und -erklärungen ans Finanzamt benötigen.

http://www.elsteronline.de/bportal

Das BZST-Online-Portal, z.B. für die Steuererklärungen im Rahmen des Mini-One-Stop-Shops. Zum Anmelden können Sie das bereits vorhandene Zertifikat des ELSTER-Online-Portals verwenden.

https://www.formulare-bfinv.de/

Das Formular-Management-System der Bundesfinanzverwaltung. Hier finden Sie (fast) alle Steuerformulare zum Nachschlagen, entweder als Leerformulare oder auch zum Online-Ausfüllen und anschließendem Herunterladen als PDF-Datei. Speichern und Laden von Formularen ist möglich (z.B. für das Folgejahr); für die meisten Formulare gibt es eine Anleitung zum Ausfüllen.

http://www.finanzamt.de
Der Startpunkt für die Finanzamtssuche (wenn Sie z.b. die Anschrift oder die E-Mail-Adresse Ihres Finanzamts herausfinden wollen – oder auch, welches Finanzamt überhaupt für Sie zuständig ist). Kreisen Sie den Bereich über den Menüpunkt „Finanzverwaltung der Länder" und dann „Finanzämter" immer enger ein, bis Sie schließlich die gewünschten Daten erhalten.

www.ingramcontent.com/pod-product-compliance
Lightning Source LLC
Chambersburg PA
CBHW072303200526
45168CB00014B/313